Der Himmel is e Lichterbugn

Der Himmel is e Lichterbugn

Eine Anthologie weihnachtlicher
erzgebirgischer Mundartdichtung
in Lyrik und Prosa
aus Vergangenheit und Gegenwart

Ausgewählt und zusammengestellt
von Manfred Pollmer und Konrad Rösel

Evangelische Verlagsanstalt Berlin

ISBN 3-374-01073-3

Nur zum Vertrieb und Versand in der DDR
und im sozialistischen Ausland

1. Auflage
Evangelische Verlagsanstalt GmbH Berlin 1990
Lizenz 420. LSV 6500. H 6239
Schutzumschlag und Illustrationen: Isolde Rosner
Printed in the German Democratic Republic
Satz und Druck: Druckwerkstätten Stollberg
01300

Vorwort

In der Advents- und Weihnachtszeit ist das Bedürfnis nach guten Lese- und Vortragsstoffen in erzgebirgischer Mundart dort, wo diese Mundart heute noch gesprochen wird, besonders groß, sowohl im Familien- und Freundeskreis als auch für die Veranstalter von Advents- und Weihnachtsfeiern, Lichtelabenden wie überhaupt in geselliger Runde. Dieses Bedürfnis ist nicht immer leicht zu befriedigen, da nur wenige solcher Sammlungen vorliegen. Diesen Wünschen will die vorliegende Anthologie erzgebirgischer Mundartdichtung aus Vergangenheit und Gegenwart nachzukommen versuchen. Um vor allem christliches und humanistisches weihnachtliches Gedankengut in Form von Gedichten, Liedern und Erzählungen zu bewahren, wurde aus dem reichhaltigen Vorhandenen eine Auswahl getroffen. Besinnliches steht neben Heiterem; viele der Gedichte sind vertont, haben als Weihnachtslieder eine weite Verbreitung gefunden und sind es wert, in dieser Sammlung einen besonderen Platz einzunehmen.

Die Auswahl versucht also zum einen, den Wünschen der Leser zu entsprechen, zum anderen gleichzeitig einen Querschnitt durch die reiche Fülle gerade weihnachtlicher Dichtungen aus dem »Weihnachtsland Erzgebirge« festzuhalten. Die meisten der namhaften Mundartdichter von einst und jetzt haben mit besonderer Hingabe und Innigkeit das weihnachtliche Geschehen in ihrer erzgebirgischen Heimat beschrieben und besungen. Dabei läßt sich auch bei mehrfacher Gestaltung des gleichen Themas ihre Zuneigung zu dem oder jenem Themenkreise erkennen. Was einen erzgebirgischen Mundartdichter bewegt, über Weihnachtsleben und -erleben in seiner Heimat zu schreiben, dafür mag anstelle einer näheren Erklärung das Geständnis Kurt Arnold Findeisens (s. Seite 134) stehen. Wenn dieser bedeutende Dichter des sächsischen Raumes selbst auch nur sehr wenig in Mundart geschrieben hat und deshalb in dieser Anthologie mit einer kleinen Ausnahme nur in hochdeutscher Sprache zu Wort kommt, so vermögen doch seine genannte Erzählung »Wie ich zum Weihnachtsdichter wurde« und seine hier aufgenommenen Arbeiten selbst beredtes Zeugnis davon abzulegen.

Dem Leser sei noch folgendes zur Beachtung empfohlen: Es wurde versucht, die mundartliche Schreibweise soweit wie möglich einheitlich darzustellen. Dies konnte jedoch nur bis zu einem gewissen Grade geschehen, da es bekanntlich im erzgebirgischen Sprachraum erhebliche Unterschiede im Gebrauch der Mundart und demzufolge auch in der Mundartdichtung und ihrer Übertragung ins Schriftliche gibt. Gedichte und Erzählungen ohne besonderen Vermerk gehören dem Westerzgebirgischen zu, solche aus dem Ost- und Vorerzgebirge sind besonders gekennzeichnet. Auf Worterklärung und Vokabular wurde weitgehend verzichtet, weil die Herausgeber der Meinung sind, daß die Sammlung im wesentlichen im Erzgebirge und in seinem Vorland Aufnahme findet und dort, wo Mundart noch gesprochen oder zumindest verstanden wird, ohne Schwierigkeiten gelesen werden kann.

Die aufgenommenen Arbeiten erstrecken sich über einen Zeitraum vom Beginn der Winters- und Weihnachtszeit bis zum Höhepunkt der erzgebirgischen christlichen Weihnacht, dem Heiligen Abend und der Heiligen Nacht, und nur wenig darüber hinaus. Der Wert der Mundartdichtung gerade zu den festlichen Höhepunkten des Jahres, und da steht Weihnachten im Erzgebirge an allererster Stelle, ist allgemein anerkannt. Dafür spricht unter anderem auch die Existenz des »Folklorezentrums Erzgebirge – Vogtland« in Schneeberg als staatliche Einrichtung seit einer Reihe von Jahren, das sich auch der Bewahrung des kulturellen Erbes der Mundartdichtung und der Förderung junger Mundartautoren wie der Betreuung und Förderung erzgebirgischer und vogtländischer Mundartsinge- und Instrumentalgruppen mit ihrem Musik- und Liedschaffen widmet.

Manfred Pollmer   Konrad Rösel

Es riecht schu nooch Schnee ...

In Harbist

Alles is leer, alles is hie,
es Laab is rut, kaa Flackel is grü,
kalter Wind, der Nabel liegt,
siefern tut's, de Sonn verkriecht.

De Schwalbn sei fort, de Lerring aah,
rund ümedüm is nischt ze sah
wie nackete Wiesen, finsterer Wald,
hie un do der Hirt noch knallt.

Alles is verdorrt, verblüht,
e Flöchel Robn übern Wald hiezieht,
es riecht nooch Schnee; nu kimmt die Zeit,
wu mer sich of Weihnachten freit.

Anton Günther

November

Wasser läfft is Fanster runner,
un der Tog schleppt sich när hie,
dar gieht bal in Nabel unner.
Draußen is's nu nimeh schie.

Fang mer abn ewos ze schnitzen,
fang mer wos ze lasen a.
's is die Zeit, wu mer dos Sitzen
in der Stub derleiden ka.

In dar Zeit werd's erscht üm achte
wieder Tog in Haus un Stall.
Nimeh lange, noochert macht e
Licht de Haamit wieder hall.

Dorothea Uhlmann
(Osterzgebirgische Mundart)

Heit in der Nacht ...

Heit in der Nacht,
do hot's es erschte Mol geschneit.
E fünkel när –
der erschte Gruß der Winterschzeit.
Es rächt noch net
zer Schlieten- un zer Schneeschuhbah,
när an der Stroß
ben Rand, do klabt der Winter dra.
Un aah e Wogn,
dar laar ben Schmied vürn Haisel stieht,
is schneebedeckt.
Net viel – su, doß mer'sch Holz noch sieht.
Doch aus dan Schnee,
dan fünkel vür ne Schmied senn Haus,
macht sich e Gung,
juchhe!, ne erschten Schneeball draus.
Dan schmeßt er huch
nauf in der Luft, zengst in der Höh ...
Guckt hie, ihr Leit,
guckt hie: Der erschte, erschte Schnee!

Karl Hans Pollmer

Der erschte Schnee

Mei Madel sitzt an Fanster dra,
drückt's Nasel an de Scheibn na
un lacht un gaukst, de Fräd is gruß!
»Nu, sog när mol, wos is dä lus?«

»Ach, Voter«, schreit se voll Vergnügn,
»sah när die vielen Fadern fliegn!
De Grußemutter hot fei net
esu viel in ihrn Faderbett!

Der Hackstock draußen hot sich aah
e weißes Mützel naufgeta,
de Stangele an Zaun ben Haus,
die sanne wie de Mannle aus.

Ach, Voter, dos is doch zu schie,
nu könne mer bal ruscheln gieh!
Mir Kinner hätten alle Fräd,
wenn's när noch sehrner schneie tät!«

An Fanster draußen in der Eck
hot sich e Sperlich hieversteckt;
dar piept un straibt de Fadern fei
un zieht sei Köppel frostig ei.

»Du Ugelück«, su denkt er sich,
»mer werd do haußen wie e Viech!
Dar Schnee, dar käm doch, ugelugn,
in verzen Togn noch Zeit genung!

Nu weß mer net vür Näss un Kält,
wie mer sei bissel Labn derhält!
's werd aah nu rar dos fünkel Assen,
an schönnsten is's fei nu gewasen!«

Ja ja, dos is nu mol esu,
wos enn betrübt, macht annre fruh;
mer sieht's an darer Sach gerod,
wie jedes Ding zwee Seiten hot!

Max Wenzel

Winter

Noochmittch, üme dreie, viere,
werd schu wieder Licht gemacht.
Früh üm achte is's noch finster,
lange dauert eene Nacht.

Neigekachelt werd in Ufen,
of der Ufenbank is's warm.
Unner Karl kimmt aus'n Busche,
hot enn Christbaum unnern Arm.

Zugefrorn sei alle Fanster,
doß mer gar net naussah konn.
Vögla sitzen vor der Türe,
möchten gern a Körnel honn.

Olle Baamer häng de Äste,
Oraam tut se niederzieh.
Kalter Wind bläst ins Gesichte,
unnern Stiefeln schnorpst der Schnie.

Max Tandler
(Osterzgebirgische Mundart)

Der Wald is schlofen gange

Der Wald is schlofen gange,
's is draußen heilige Ruh.
De Winterschzeit is komme,
der Schnee deckt de Astle zu.

Kaa Vögele härt mer meh singe,
die sei geflochen su weit.
's tut nimmer summe un klinge
durch'n Wald wie zer Sommerschzeit.

När hie un do zieht e Rauschen
durch de alten verschneiten Baam.
Wenn's su knackt un knickt in de Astle,
liegt der Wald in schönnsten Traam.

Er traamt von schiene Zeiten,
wu alles singt un blüht,
wenn de Bachle wieder fließen,
de Sonn früh beizeiten aufgieht.

O, loßt 'n Wald fei schlofen
in seiner Winterschpracht!
Es Frühgahr werd wieder komme,
wu'r frisch un duftig aufwacht!

Anton Günther

Wenn's schneit ...

Ihr Kinner, es schneit,
der Winter is do!
Schneeflocken wirbeln
von Himmel drubn ro.

Se tanzen in Wind,
se gogn sich üms Haus,
un mit der Zeit werd
e Windweh noch draus.

Der Himmel hängt voll.
De Löden macht rei!
Heit schneit's när aamol –
an End schneit's uns ei!

Un schneit's uns aah ei,
ka kaans nimmer naus,
do rutschen mer abn
zen Dachfanster raus!

Herbert Stoll

Wenn's in Winter schneie tut

Wenn's in Winter schneie tut,
's is kaa Stappen Bah,
such iech mir de Schneeschuh har,
schnall se mir fix na.
Do gieht's über Wies un Fald
fix bargo, bargauf;
haat's enn aah e paarmol hie,
stieht mer wieder auf!
Tralalalala, wie is dos schie,
übern Schnee su lecht ze zieh!
Tralalalala, wie is dos schie,
übern Schnee ze zieh!

Wenn's in Winter schneie tut,
alles is gefrorn,
doß mer vür der Kält derfriert
bal de Nos un Ohrn,
fix de Schlittschuh an de Füß
un zer Eisbah hie!
Su e Lust un su e Labn
dorten spöt un früh!

Tralalalala, wie is dos schie,
of der Eisbah spöt un früh!
Tralalalala, wie is dos schie,
dorten spöt un früh!

Wenn's in Winter schneie tut,
stürme aah dreinei,
sitzt der Lob an Ufen dra,
kachelt tüchtig ei,
waß nischt von dar Herrlichkeit,
die do draußen is,
denkt, dos sei verrückte Leit,
dos is ganz gewieß!
Tralalalala, wie bist du dumm,
kumm när raus, mei Lob, kumm, kumm!
Tralalalala, wie bist du dumm,
kumm när raus, kumm, kumm!

Otto Peuschel

De Ruschel

In Winter bei dan größten Schnee
namm iech menn Ruschelschlieten
un treib dermiet of Barg un Höh
när lauter lustge Schwieten.

Un is e Hulperts ofn Wag,
wie muß mer do net schreie!
De Bossen komme drüberwag,
de Maad – tut's runnerbleie!

Nu haaßt's: De Schlieten zammgehängt!
Kommt har, dos is e Frassen!
Plumps, hot's de ganze Rix geschwenkt;
se hobn dan Schnee gemassen.

E Färscht is, war Kunststückle ka:
»Bauchlegn« un »Kufentraten«.
Ofs Dach schafft mer senn Schlieten na,
kracht runner un zerhaat'n.

Es Ruschelngieh is fei gesund,
dos molt enn rute Backen.
De Woden wachsen dick un rund.
Mer könnt wuhl Stöck drauf hacken.

Un komm iech ham, wie is dos fei,
wie schmeckt's dan hungrign Guschel!
Obndst hupp iech in de Betten nei,
un alle is – de Ruschel!

Bruno Herrmann

Ruschellied

Es Ruscheln is in Winner
es Schönnste fer de Kinner:
Kashitsch hie un Kashitsch har,
uns kimmt kaaner in der Quar!
Wie dos haat un wie dos hirzt,
wie dos üm de Krümm nüm birzt,
wie dos kracht un wie dos knastert,
wie dos dan Gehäng lang pflastert!

Es Ruscheln is e gruße Fraad,
fer de Gunge, fer de Maad,
hänge klaane Glöckle na,
fange ganz drübn draußen a.
Wie dos haat un wie dos hirzt,
wie dos üm der Krümm nüm birzt,
wie dos kracht un wie dos knastert,
wie dos dan Gehäng lang pflastert!

's ruschelt aah der gruße Knacht,
e Dechselschlieten is ne racht,
sei paar gunge Weibsen miet,
dos Gequacker, dos Gequieck!
Wie dos haat un wie dos hirzt,
wie dos üm der Krümm nüm birzt,
wie dos kracht un wie dos knastert,
wie dos dan Gehäng lang pflastert!
Es Ruscheln is fer alte Leit
kaa gescheiter Zeitvertreib,
die mögn uns när Socken stricken
un de alten Handsching flicken.
Wie dos haat un wie dos hirzt,
wie dos üm der Krümm nüm birzt,
wie dos kracht un wie dos knastert,
wie dos dan Gehäng lang pflastert!

Friedrich Emil Krauß

E Wunner

De Walt, die is voll Wunner,
voll Wunner gruß un klaa,
un alle sei se unner –
du mußt se när bluß sah.

Guck dir in Winter wieder,
wenn's schneit, wos es när ka,
wenn weiß der Schnee fällt nieder,
när mol ne Schneeflock a.

Guck's richtig a, dos Flöckel,
dos zarte bissel Fraad,
dos feine Klippeldeckel,
dos – schod drüm – bal zertaat:

E Sterle jeds, e klaanes,
von Himmel rogefalln.
E Maasterstück, e raanes.
Un aans derzu vür alln:

E winzigs grußes Wunner,
dos uns der Winter brengt.
Aah dos, wie schie, is unner,
is uns von Gott geschenkt.

Manfred Pollmer

Es hot geschneit

»Ihr Kinner, brengt ne Schlieten ro,
's hot über Nacht geschneit,
un raafelt mer de Wand net o –
doß'r vürsichtig seid!«

»Ei, Mutter, ober dos is schie,
doß nu der Schlieten gieht!
Der Gruße muß uns alle zieh,
aah's Hannel namm mer miet!«

Es klaane Fritzel sogt's voll Freid
un lacht de Mutter a.
Wie schie is doch de Winterschzeit,
weil mer do ruscheln ka!

Gertrud Drechsler-Groß

De Tschinner

Wie frahe sich de Kinner
in Winter of der Tschinner!
Wenn's när e fünkel schneit un friert,
werd schu es Tschinnern ausprobiert.
's könnt gar net Winter sei,
wär'sch Tschinnern net derbei!

Haat's epper mol ben Tschinnern
de Kinner ofn Hinnern –
deswagn stecken se noch net auf,
do gieht's mit grössern Alaaf drauf!
Kaa Gammern hilft, kaa Klogn,
Balance muß mer hobn!

Es is de alte Leier
aah heier drübn ben Meier –
wenn sich de Kinner hobn gefraat,
werd fix de Tschinner zugestraat.

Noort gecht er se derva –
dos is e bieser Ma!

Wu ginne nu de Kinner
in Winter of der Tschinner?
Net hie, wu alles läfft un fährt –
naa, hinnersch Haisel, wu's net stärt,
do gieht's genau su schie
un haat's kenn Menschen hie!

Herbert Stoll

Schneelied

Der Harbist kam, müd legt de Ard sich nieder,
wild gecht der Sturm de Blattle har un hie;
stumm stieht der Wald, verklunge sei de Lieder.
Wos grü un schie war, muß su schnell vergieh.
Un wie nu alles graa un trüber werd,
do dauert unnern Herrgot seine Ard –
un sanft un waach fällt aus der Himmelshöh
su licht un weiß der liebe Schnee, Schnee, Schnee!

Un wie de erschten Flocken falln von Himmel,
do halten's Gunge, Madle nimmer aus;
su schnell wie's gieht in lustign Gewimmel,
gieht's aus der Stub ins Flockenwerbeln naus.
Bal is e Schneeballschlacht aah schie in Gang,
enn Ruschelschlieten brengt dort äner lang,
un Näß un Kält, die tunne heit net weh,
ringsümedüm, do jubelt's: Schnee, Schnee, Schnee!

Un erscht de Sportleit, die sei voller Lachen,
de Bratter stiehe doch schie lang parat.
Benn erschten Flöckel sieht mer se schie machen
naus of de Bah, de Bossen un de Maad.
De Aagn, die blitzen, feierrut de Nos,
nauf in de Barg, e wahre Hetz is dos;
un's erschte Heil, dos brenge of der Höh
de Sportleit unnern lieben Schnee, Schnee, Schnee!

E manichs Alte sitzt in Ufenwinkel
un guckt zerück of seine gunge Gahr,
wu Näß un Kält enn schoden konnt kä fünkel
un wie mer wie verwerrt ofs Ruscheln war.
Doch itze sitzt mer dra an Ufentopp
un sieht in Spiegel när senn alten Kopp;
do werd mer'sch weis, do drubn, o jemine,
liegt aah de Himmelsgob: Der Schnee, Schnee, Schnee!

De Ruschelbah, die is ze allen Stunden
aah fer der Lieb e rachter schiener Platz:
Es dauert net lang, hot mer sich gefunden,
un ofn Schlieten sitzt mer mit senn Schatz.
Dos Madel hält sich zoghaft an enn a,
der Schlieten saust ne Barg ro, wos er ka.
Of ämol is mer of senn Sitz ellä,
der Schatz is wag – dar liegt in Schnee, Schnee, Schnee!

Max Wenzel

Wenn es Winter sein ward

Mei Nannl, bis ward Winter sein,
do tu mer ruscheln gieh,
do setzt mer uns ubm Schlitten drauf
un sausen übern Schnie.

Ich sitze vorn, du hinter mir,
du hältst dich on mich o,
un mit'n Stiefeln lenke ich,
ich free mich itz schun dro.

Bargauf tu ich'n Schlitten zieh,
un du konnst sitzen bleibm,
un wenn dich on de Hände friert,
do tu ich se bill reibm.

Max Tandler
(Osterzgebirgische Mundart)

Derham in Stübel

tit, wos mer kriegt, wenn's nooch Rau - che Mad riecht!

Derham in Stübel, do is's net übel,
do ka mer labn nooch seiner Freid.
Wie dischkeriert sich's esu gemütlich,
sei obndst besamm de Hutzenleit.
Nu se kommt när rei, be un is's fei,
weil de Stübelleit gemütlich sei.
Un wie haamlich dos klingt,
wenn der Ufentopp singt;
dan Appetit, wos mer kriegt,
wenn's nooch Rauche Mad riecht!

Derham in Stübel, do is's net übel,
kimmt Weihnachten wieder ra,
do gieht noort's Klippeln un es Schnitzen
un es Basteln wieder a.
Nu se kommt när rei, be uns is's fei,
weil de Stübelleit gemütlich sei.
Un wie haamlich dos klingt,
wenn der Ufentopp singt;
dan Appetit, wos mer kriegt,
wenn's nooch Rauche Mad riecht!

Derham in Stübel, do is's net übel,
is's aah wuannersch noch su schie.
An schönnsten is's doch derham in Stübel,
drüm zieht miech's immer wieder hie.
Nu se kommt när rei, be uns is's fei,
weil de Stübelleit gemütlich sei.
Un wie haamlich dos klingt,
wenn der Ufentopp singt;
dan Appetit, wos mer kriegt,
wenn's nooch Rauche Mad riecht!

Anton Günther

Winter

Nu is der Winter komme,
's werd draußen wieder kalt.
De Tog hobn ogenomme,
der Wind pfefft übern Wald.
De Kinner giehe ruscheln
un schnalln de Schneeschuh a,
de alten Leit, die kuscheln
sich an ne Ufen na.
Su wachseln nu de Zeiten,
un's Labn gieht miet vürbei.
Doch hilft kaa Klogn un Streiten –
's werd wuhl su richtig sei.

Karl Hans Pollmer

Mei Vugelfutterhaisel

De Sommerschzeit is nu vürbei,
un es is Winter wurdn.
Der Wind pfefft eisig übern Barg,
de Ard is hart gefrorn.

Mer härt kaa Vugelzwitschern meh,
de Liedle sei verstummt,
un Falder, Wiesen un der Wald
sei tief in Schnee vermummt.

Drüm hob iech e klaa Haus gebaut
un Futter neigestreit.
Vürn Fanster hob iech's aufgehängt.
Do is e Labn, ihr Leit!

In aanertour kimmt do Besuch.
Dos gieht ne ganzen Tog:
Bal komme Finken, bal ne Amsch[1],
e Gimpel gleich dernooch.

24

Un itze, guckt när fix mol hie,
do is e Sparlich dra!
E Blaamaas² kimmt nu ageschwirrt –
gleich gogt er sche derva.

Guck iech von meiner warme Stub
dan munnern Vögle zu –
wenn iech fei do net halfen tät,
dos ließ mer gar kaa Ruh.

Drüm hob iech e klaa Haus gebaut
un Futter neigestreit.
Der schönnste Dank, dos is e Lied
fer uns zer Sommerschzeit!

1 Amsel   2 Blaumeise

Harri Müller

Sei's aah när Blume aus Eis ...

Iech hob schu manichsmol drüber noochgedacht, wenn wuhl unnere Haamit an schönnsten is. Is's in Frühgahr, wenn der letzte Schnee waggieht, wenn de erschten Blümle neigieret ihr Köppel aus der Ard recken un sich, gerod wie mir Menschen, über de schönn warme Sonnestrahln freie? Wie schie is's doch in Sommer hubn bei uns! Überoll is es tuberich[1] un schwül; när in unnern Bargwald, do gieht e agenahmes frisches Lüftel. Wenn der gruße Moler Harbist über unnere Haamit zieht un aus senn grußen Farbtopp, gerod wie's ne eifällt, do un dort su enn bunten Klecks hiemolt, doß sich unner Gebirg in seiner ganzen Pracht zeigt, su is dos, su sogn de Leit, de schönnste Gahreszeit ...

Sogt doch mei Madel itze emol ze mir: »Voter, in Winter is's an schönnsten. Wenn mer Schneeschuh un Schlieten fahrn könne, noochert is aah bal wieder Weihnachten. Ach, wie iech miech dodrauf fraa!« Racht hot se, drüm, ihr Leit, halt iech's alle Gahr esu: Iech fraa miech über dos, wos mir gerod hobn! Es war e schiener Wintertog, do hob iech miech emol aufgemacht. När e wing frische Luft wollt iech schnappen, bissel »auslaafen«, doß es Mittogassen besser verdaut. De Sonn hot geschiene, als wollt se sogn: »Iech hob eich fei net vergassen. Es werd nimmer lang dauern, noochert hob iech aah wieder Kraft. Ober itze müßt ihr eich schu noch warm aziehe; mer hobn nu aamol noch Winter ...! Ober guckt när mol, wie schie de Walt is, zeigt sich doch eiere Haamit von der schönsten Seit!«

Kenn Menschen hob iech draußen in Wald getroffen. E Ruh war üm mir rüm, als wenn mir, der Wald un iech, ganz allaa wärn. Wenn ober de Sonnestrahln durch de Äst scheine taten, do war mir'sch immer, als wollten se mir ewos ganz Besunnersch zeign. »Do, guck när«, schiene se ze sogn, »laaf net esu gedankenlus durch der Gegnd!« An ener Schuning, wu iech dan Harbist su manichn grußen Staapilz rausgehult hob, war iech of aamol ganz ausn Haisel. Do hatt doch der Winter unner ganzes arzgebirgisches Spielzeigland aufgebaut. Er hatt die klenn Baamle alle ageputzt! In der Mitten ene gruße Ficht, die de Waldarbter stiehegelossen hatten, die soch aus wie e grußer Seiffner Nußknacker, dar ganz grimmig of die klenn Figürle roguckt un aufpaßt, doß se net gar esu unartig sei. Jeds von die sooch annersch aus, jeds wie e annersch Figürle von Weihnachten ...

De Sonn stand als grußer ruter Ball an Himmel, es aanzige Bunte in dar weißen Pracht. Kalt war'sch wurdn, un iech bie schnurstracks ehamgeloffen un hob miech of meine schiene warme Stub un of ne Kaffeetopp gefraat. Ja, freilich, an warme Ufen, do läßt sich der Winter schu aushalten! An Stubnfanster hatt der Winter mit senn eisign Frost de schönnsten Blume nagemolt. Iech hob miech drüber gefraat wie e Kind: Sei's aah när Blümele aus Eis, mir wardn doch net verzogn. 's ka nimmer lang dauern, do brengt der liebe Sonneschei uns bunte hargetrogn.

[1] schwül, warm

Horst Gläß

Winterobnd in Arzgebirg

Obndst finden sich zamme
de Hutzenleit,
es Stübel, dos langt net meh zu.
Un müssen se laafen
aah wunner wie weit,
find' kaaner derham seine Ruh.
Noochert is's wieder schie,
streicht der Wind of der Höh,
's zieht zer Haamit dich hie,
wenn se schlöft tief in Schnee.
Noochert is's wieder schie,
streicht der Wind of der Höh,
's zieht zer Haamit dich hie
tief in Schnee.

Zen Fansterle schimmert
schie's Lichtel weit naus,
wie salt blebt e Loden noch auf.
Es Madel guckt öfter
verstuhln emol naus,
der Freierschma lauert schie drauf.
Noochert is's wieder schie,
streicht der Wind of der Höh,
's zieht zer Haamit dich hie,
wenn se schlöft tief in Schnee.
Noochert is's wieder schie,
streicht der Wind of der Höh,
's zieht zer Haamit dich hie
tief in Schnee.

Un hobn se geklippelt
bis Mitternacht,
gieht's hamwärts, schnell hult er sche ei.
Noochert werd noch e wing
»lange Nacht« gemacht,
se kriechn in Vürhaisel nei.
Noochert werd's wieder schie
– tralala – of der Höh,
mehrschtens gieht's do bis früh,
un de Walt schlöft in Schnee.
Noochert werd's wieder schie
– tralala – of der Höh,
mehrschtens gieht's do bis früh
trotz dan Schnee.

Luise Pinc / Weise: O. Schönherr

Winter

Der Sommer is alle,
de Kirmes vürbei,
der Wind weht ganz eisig,
der Winter kimmt rei.
Of Faldern un Waldern,
do liegt schu der Schnee;
schneeweiß sieht's in Tol un
aah drubn of der Höh.
Dos schimmert un flimmert,

dos glitzert un blinkt,
wenn drübn hinnern Wald
de Sonn niedersinkt,
von Schießbarg drübnrüber
der Mond freindlich lacht.
Saht naus, dos is e Pracht!

Ganz dick zieht der Nabel
durchn Wald, übern Staa;
mer ka werklich kaum mit
enn Stacken durchhaa.
De Baam sei bereimelt,
o saht se när a;
kaa Christbaamel werklich
net schönner sah ka.
Dos schimmert un flimmert,
dos glitzert un blinkt;
der Wind durch jeds Klackel
ins Fansterle dringt.
Wenn's Feier in Ufen
racht prasselt un kracht,
is in der Stub e Pracht.

Nu kimmt aah ganz sachte
Weihnachten miet ra.
Der Fried schnitzt an Krippel,
der Ward, dar streicht a.
Mit Bleiglanz un Goldschaam
werd all's repariert.
De Puppenstub werd wieder
ganz frisch tapeziert.
Dos schimmert un flimmert,
dos glitzert un blinkt.
Der Leimtopp läfft über,
dos qualmt un dos stinkt.
E Kerzel zünd' fix a,
doß's wieder vermacht.
Is dä dos net e Pracht?

Un endlich, do is aah
der Heilge Obnd do,
de Peremett dreht sich,
der Lechter hängt ro.
De Lichterpupp hobn se
ans Fanster gestellt,
doß's jeden in Stübel
an besten gefällt.
Dos schimmert un flimmert,
dos glitzert un blinkt.
De Kinnerschar »Stille
Nacht, heilge Nacht« singt.
Von Christbaam ubn runner
e Engele lacht.
Saht hie, dos is e Pracht!

Otto Peuschel

Bal is es suweit

Es hot fei seit gestern
lang tüchtig geschneit.
Weihnachten kimmt wieder,
bal is es suweit.

Mer freie uns alle,
ob gruß oder klaa.
Es Hannel möcht itze
ne Rupprich schu sah.

De Mutter, die Gute,
die hot viel ze tu,
se kimmt in dan Togne
vürn Fast net zer Ruh.

De Stolln sei lang fertig,
e Gans werd geschlacht'.
Es Baamel hot gestern
der Fred mietgebracht.

Kaum ka mer'sch derwarten,
bis's Christbaamel brennt.
Noort legt aah de Mutter
nei'n Schoß mol de Händ.

Mer sei esu glücklich
un wünschen derbei,
doß Frieden fer immer
möcht überoll sei.

Gertrud Drechsler-Groß

Su hall

Ümedüm su finster,
schwarze Nacht un Kält;
doch do wächst e Lechten,
wos net innehält:

Hinten übern Walle
gieht e Sterle auf,
fünkelt un zieht sachte
bis zen Himmel nauf.

Stieht's huchdrubn an hächsten,
fällt sei haller Schei
bis in alle Herzen,
aah in deins miet, nei.

Un dar Stern, dar weite,
dar vertrebt de Nacht,
hot de Walt, de finstre,
hallerlicht gemacht.

Manfred Pollmer

Wenn ubn bei uns Weihnachten kimmt ...

Vür Weihnachten in Gebirg

Wenn ubn bei uns Weihnachten kimmt,
dos is e gruße Fraad!
Do freie sich schu wochenlang
de Gunge un de Maad.
Do werd geschanzt un werd gewürgt
bis in der Nacht fei nei –
es möcht doch, wenn Weihnachten kimmt,
aah alles fertig sei.

Do huln mer uns in Wald enn Baam
un baue'n Winkel auf.
Do stelln mer'n Josef un sei Fraa
mit ihrn klenn Gungel drauf.
De Hirten kniee drümerüm
un baten's Kinnel a,
un aus der Höh de Engelschar
singt Hallejulia.

De Weisen aus ne Morgneland,
die komme amarschiert.
Der Gruße hot fei die Figurn
erscht ganz frisch alackiert.
Ganz ubn marschiern de Bargleit auf
un fahrn es Silber aus,
un hinnern Wald, do guckt verstuhln
e Rehfamilie raus.

Der Stülpner Karl derf aah net fahln,
dar schießt de Hirschen o,
un aus der Höh ganz sachte schwebt
e grußer Engel ro.
Der Voter baut e Uhrwark ei,
noort laafen die Figurn,
als wärn se grod esu wie mir
labandig mol geborn.

Der Paul, dar hult de Peremett
un balanciert se aus,

derweile packt de gruße Mad
de Schof un Hirten aus.
Dos sei eich ober Staatsfigurn,
un mit der Hand geschnitzt!
Do hot der Voter Tog üm Tog
gebitzelt un geschwitzt.

De Anna steckt de Lample na
un hängt de Engeln nauf,
un wenn nu alles fertig is,
kimmt's Flügelrod ubndrauf.
Noort dreht sich schu de Peremett,
der Voter schmunzelt fruh,
un alles freit sich ümedüm,
dos is der schönnste Luh.

De Kinner putzen 's Baamel a
mit schiener weißer Watt,
se hänge Zuckerringle na –
dos is e wahrer Staat.
De Mutter, die hot viel ze tu
mit ihrer Backerei.
Es kimmt doch in enn Weihnachtsstolln
'n haufen Zeig aah nei.

Es Mannelschnappen, dos macht Spaß,
do half iech immer gern.
E manichsmol tut su e Kern
nei's Maul sich miet verirrn.
Ja, wenn noort alles fertig is,
de Stubn schie raagemacht,
noort kast de komme, Heilger Christ,
mit deiner Weihenacht.

Wenn sacht de Peremett sich dreht
un's brennt der Tannebaam
un of ne Tisch der Bargma stieht,
noort is's als wie e Traam …
An unnre goldne Kinnerzeit,
do denkt mer noort zerück.

War su Weihnachten feiern tut,
derlabt es schönnste Glück.

Drüm, loßt dos gruße Wunner uns,
ihr Leit, derlabn ofs neie!
Kommt, loßt uns wie de Kinner heit
of unnre Weihnacht freie!

Stephan Dietrich

Dos aane Licht

Wenn in Gebirg bei uns do ubn
der Nabel dickste Schwoden wabt,
un wenn de Kält uns, voller Blum
aus Eis, de Fanster überklabt,
wenn der Sturm de Baam zerschüttelt
un de Fichtengippel zaust
un an Tür un Loden rüttelt
un üm Haus un Garten braust;
wenn's schu üm drei finster werd
un de Luft voll Krahgeschrei,
sist mer gar kenn Vugel härt,
ka's enn oft racht drückend sei.
Wie macht's do su lecht un fruh,
doß Advents- un Weihnachtskerzen
nei ins Dunkle lechten tu,
un dermiet alln Menschenherzen
werd dos aane Licht verkündt,
dos mer in enn Krippel findt.

Gottfried Werner

Vürweihnachtszeit

Eh in der Walt, die tief verschneit,
es Gahr gieht still zer Ruh,
do kimmt erscht noch de Weihnachtszeit
un macht uns reich un fruh.

Do steign eich fei Gerüchle auf
von Äppeln, Pfafferkuchn.
's riecht bis zen Öberstübel nauf.
War möcht's do net versuchn?

Bargma un Engel ziehe nu aah
geschwind in Stübel ei.
Der gute, alte Raacherma
marschiert gleich hinnerdrei.

Dar pafft gemachlich vür sich hie,
hält's Pfeifel in der Hand,
denkt: »Arzgebirg, wie bist du schie,
su racht e Weihnachtsland!«

Marianne Hütel

Erschter Advent

Mir hobn uns e Licht kaaft,
enn Lechter derzu;
mir huln unnern Bargma
un'n Engel anzu.
Der Raacherma dampt un
de Permett hot Schwung.
Do hobn fei ze tu nu
de Mäd un de Gung.

Un kimmt noochert sachte
de Dämmerung ra,
do zünd' mer es erschte
Adventslichtel a
un legn ofn Ufen
paar Äppeln ubndrauf;
sei die schie geroten,
do ass' mer sche auf.

Derzu werd gesunge,
wos jeder su kennt,
un unnre Geschichten,
die namme kä End.
Esu gieht der erschte
Adventssonntig hie,
un bal is Weihnachten –
wie glücklich iech bie!

Dorothea Uhlmann
(Osterzgebirgische Mundart)

Schnitzerlied

E Masser un e Brocken Holz,
in Kopp schu wos ze sah,
e langer Obnd, de Tobakspfeif,
do fliegn dr fei de Spaa!

Dos erschte, wos iech schnitzen tat,
warn Baamle un e Zwerg;
's is heit noch su ne Krumpelficht
of unnern Weihnachtsbarg.

Wärn meine Bargleit mol zesamm,
do blieb kaa Eckel laar;
's wärn alle do, von Haspelgung
bis zen »Herder« of senn Pfar.

Ho manichn Lechter zammgebugn
mit Tülln un Dock un Droht;
of jeden Bugn e Mannel drauf,
dos glänzt, stieht kerzengrod.

Of meiner grußen Peremett
zieht's ganze Handwark auf,
de Schof, de Gogd, de Engelschar,
ganz ubn sei Glöckle drauf.

Iech ho schu manche Kripp geschnitzt
zer Weihnacht zen Beschern;
de schönnste hot mei Mutter kriegt,
die hält se fei in Ehrn.

Mei ganze Haamit tut mei Barg
ofs klaane wiedergabn;
's kimmt alle Gahr noch wos derzu,
's is wie in richtign Labn.

Friedrich Emil Krauß

Der Wunschzettel

Es kimmt nu bal Weihnachten
mit bunter Lichterpracht.
Der Christbaam stieht in Eckel,
denn bal is Heilge Nacht.

Der Gung sitzt still in Winkel,
füllt arnst enn Zettel aus,
denn heier kimmt doch wieder
der Rupperich ins Haus.

Er is aah schie bal runner,
de Wünsch sei aufgeschriebn.
Von ganzen Tintenfassel
e Tröppel is gebliebn.

E Ball, e Traktor, Schneeschuh –
wos stieht do net zamm drauf?
Der Gung prüft nochmol alles,
un lachend stieht er auf:

»Nu wolln mer'sch Beste hoffen,
der Rupprich kimmt nu schie.
Un söllt er'n Wag net finden,
dann führt'n zu mir hie!«

Der Voter nimmt senn Zettel
un sogt: »Dos werd gemacht!«
Der Gung traamt ganz bestimmt noch
von Rupprich in der Nacht.

Heinz Lauckner

's Raachermannel

1. Gahr fer Gahr gieht's zen Ad-vent of 'n Bu-den nauf,
werd e Man-nel auf-ge-weckt: „Komm, nu stiehst de auf!"
Is es un-ten in der Stub, rührt sich's net von Flack;
's stieht, wu's stieht. Doch bal gieht's lus: 's blöst de Schwo-den wag.

Kehrreim
Wenn es Raa-cher-man-nel na-belt, un es sogt kaa

's hot zwaa stackendürre Baa
un enn huhlen Leib,
zieht bedachtig an der Pfeif
ze senn Zeitvertreib.
Hot e fei schiens Gackel a,
of ne Kopp enn Hut,
ober Maul un Nos sei schwarz,
weil's viel dampen tut.
Wenn es Raachermannel nabelt,
un es sogt kaa Wort derzu,
un der Raach steigt an der Deck nauf,
sei mer allezamm su fruh.
Un schie ruhig is's in Stübel,
steigt der Himmelsfrieden ro,
doch in Herzen lacht's un jubelt's:
Ja, de Weihnachtszeit is do!

Kimmt zen Fast der gruße Gung
aus der Fremd eham,
springt der Klaane rüm vür Fraad,
ach, is dos e Labn!
Bricht dernooch de Dammring rei,
namm mer'n Raacherma,
stelln ne mitten ofn Tisch,
zünden's Kerzel a.
Wenn es Raachermannel nabelt,
un es sogt kaa Wort derzu,
un der Raach steigt an der Deck nauf,
sei mer allezamm su fruh.
Un schie ruhig is's in Stübel,
steigt der Himmelsfrieden ro,
doch in Herzen lacht's un jubelt's:
Ja, de Weihnachtszeit is do!

Is der Heilge Obnd nu ra,
werd jeds ze enn Kind.
Wieder wardn in jeden Haus
Lichter agezündt.

Jeds hofft, doß's zen Heilign Christ
aah e Packel kriegt.
Überoll is Glanz un Pracht,
un wie gut dos riecht!
Wenn es Raachermannel nabelt,
un es sogt kaa Wort derzu,
un der Raach steigt an der Deck nauf,

sei mer allezamm su fruh.
Un schie ruhig is's in Stübel,
steigt der Himmelsfrieden ro,
doch in Herzen lacht's un jubelt's:
Ja, de Weihnachtszeit is do!

Erich Lang

Wos er braucht

Kimmt wieder mol Weihnachten,
hul iech menn Raacherma
un loß ne Schwoden blosen
un fraa miech an ne dra.

Denkt ober net, dos Mannel,
dos qualmet eich jeds Kraut!
Dar Kerl, dar is fei kabisch!
Weh', wenn sich's aaner traut

un gibt ne fer sei Pfeifel
␣när Wald un Wies ze raachn!
Do wür dar ober garschtig,
do rollt dar mit de Aagn!

De echten Cruttendörfer[1],
dos is es, wos er braucht;
dos is es, wos e Mannel,
wie dar, an liebsten schmaucht.

Do dankt er mir'sch Weihnachten,
do lacht mei Raacherma,
do blöst er flessig Schwoden,
un iech, iech fraa miech dra!

[1] Gemeint sind die in Crottendorf, Kr. Annaberg, früher in Heimarbeit, heute fabrikmäßig hergestellten Räucherkerzchen

Manfred Pollmer

Raacherkerzle

Wenn iech an dich denk, gebirgisches Weihnachten, do stieht's Schönnste von meiner Gugnd vür mir auf. Do lechten meine Aagn, wie lauter Lichtle von de Krippen, Lechter, Bargleit un Terken, un mir klingt's in de Ohrn wie lauter Mettengesäng un Turmblosen. Mei Herz dreht sich rüm un nüm, wie de Flügeln von ner Peremett, un mir kimmt of der Zung e Geschmack wie lauter Butterstolln, Pfaffernüssle un Cruttendörfer Pfafferkuchenmanner. Un aah de Nos gieht net laar aus: Of enn fein Wölkel kimmt e Duft hargezugn, dar ganz nooch Weihnachten riecht ...

Iech sah eich, ihr Terken, Bargleit un Waldleit mit der Pfeif in der Hand, un aus enn grußen Loch in eiern Gesicht kimmt e dicker Schwoden Raach raus. De ganze Stub kriegt enn Duft, naa, e jeds Herz:

    Karl, zünd e Weihrichkerzel a,
    doß's nooch Weihnachten riecht,
    un stell's när of dos Scherbel hie,
    dos unnern Ufen liegt!

Esu haaßt's net ümesist in unnern alten Heiligobndlied!

Max Wenzel

»Die echten, wohlriechenden ...«

Do laaf iech nu zer Weihnachtszeit
durchn Land de kreiz un quar,
un könnt's gelaabn, ihr guten Leit,
mei Buckelkorb is schwar.
Do drinne ho iech bunt un schie
aa Packel an ne annern stieh
von »die echten, wohlriechenden
Crottendorfer Raacherkerzeln ...«

Iech tippel menn Laafstacken nooch,
de Treppen nauf un ro,
von früh bis spöt dieselbe Frog:
»He, kaaft'r mir nischt o?«

Bei annern seid'r ageschmiert,
von mir allaa wardn verhausiert
»die echten, wohlriechenden
Crottendorfer Raacherkerzeln ...«

Bei eich hier unten sieht's net esu,
als hätt' mer Weihnachtszeit,
dos regnt doch bluß un matscht derzu;
bei uns ubn hot's geschneit!
Ihr dauert miech, gelaabt mer'sch fei,
paßt auf, iech trog eich Weihnacht rei
mit »die echten, wohlriechenden
Crottendorfer Raacherkerzeln ...!«

Marianne Hütel

Der Türmer-Albin

Heit, wu er nimmer labn tut, ka mer, maan iech, esu getrust emol über ne reden, uhne doß mer sich noochsogn lossen muß, mer tät sich lustig über ne machen. E wing wunnerlich is er namlich meitog gewasen, un es hot bei uns in unnern alten Bargstadtel Geyer mehr Leit gabn, die über ne när gelacht, wie sette, die ne arnstgenomme hobn. Doß er ene Art Geyersches »Original« war, dos läßt sich net ostreiten ...

De Red is von unnern Türmer-Albin, dar mit senn richtign Name Albin Major hieß. Ober dos hobn etliche, vür allen güngere Leit, gar net gewußt; fer die war er abn der Türmer-Albin un nischt annersch. Wie e Major hot er suwiesu net ausgesahe, wenn aah der Türmer-Albin un seine Leit, der Türmer Otto Major un sei Fraa, wos ne Albin seine Eltern warn, un seine sechs annern Geschwister salling de Leit in Stadtel när bluß von ubn runner ageguckt hobn – weil se huchdrubn of unnern alten Wachtturm gesassen sei, an hächsten von alln.

Aah der Albin is als ne »hächsten Beamten von Geyer« sei Gung in und of dan Turm gruß wurdn. Er is, wie seine Eltern un seine Geschwister aah, körperlich kaa Held gewasen. Dos mocht dodervu komme sei, doß se sich of dan schmoln, enge Turm kaum drehe konnten un doß die Türmerkinner, bis se in der Schul ginge, gruß net von Turm runnerkomme sei. Dos un manichs annere aus seiner Gugndzeit hot mir der Albin oft derzöhlt, zen Beispiel, doß sei Voter tüchtig ze würgn hatt, üm sich un seine vielen Leit sootzekriegn, weil er von die paar Mark, die er fer'sch Glockenlaiten krieget, kaane großen Sprüng machen konnt. Deswagn hot er nabnhar noch an Posamentierstuhl gesassen, von wos sei Buckel noch krummer wur, un de Fraa un de grössern Kinner, die hobn tüchtig miet halfen müssen bei der Posamentiererei.

Trotz aller Plog hobn die paar Pfenng, die's derfür gob, hinten un vorne net gelangt, un su hobn se ben Major ofn Wachtturm waßgott kaa Huniglack gehatt. Es is ne net besser gange wie ze darer Zeit annern armen Leiten in unnern Stadtel. Do hot dan Türmer-Leiten die schiene Aussicht von Turm ubnro aah nischt genützt, dä dodervu hobn se sich nischt kaafen könne, wos ne es Labn e wing schönner gemacht hätt. Un doch is es ihr Derham gewasen, wos se gern gehatt hobn. Hätt der Albin sist spöter, wu er längst schu nimmer ofn Turm gelabt hot, kaa Gelagnhät ausgelossen, wieder emol die vielen Stuffen in Turm naufzesteign, sich in die Stübeln von domols, wu itze unner Museum drinne is, wieder emol ümzegucken, un zeletzt ganz ubn, wu emol ihr Wuhnstübel war, e Fansterle aufzemachen un nauszesahe, nunner of unner Stadtel?

Der Türmer-Albin hot mir aah dervu derzöhlt, wie sei Voter, dar es Schnitzen gern gehatt hot, in jeden Gahr an Mantig nooch ne erschten Advent de Schnitzer von Geyer ze sich nauf of senn Turm eigeloden hot. Alle sei se komme un zen Türmer ubnnauf geklattert. Do muß noochert e Labn gewasen sei in dan Stübel, dos bal net mehr zugelangt hot fer die vielen fröhlichen Leit, die dorten ubn in darer luftign Höh zamm gesassen, geschnitzt, derzöhlt un de schönnsten Weihnachtslieder gesunge hobn. Do hot aah der Albin als klaaner Gung emol e wing länger aufbleibn un miet dositzen derfen, wenn er aah Nut hatt, noch e freies Flackel ze finden unner die vielen Menschen. Dos hot er sei Labn lang net vergassen; kaa Wunner, doß er gerod in der Zeit vür Weihnachten gern wieder emol nauf ofn Turm gemacht is, aah noch, wu's kenn Türmer mehr gabn hot un in der Türmerwuhning es Museum neikomme is.

Etliche Gahr ober is der Albin of senn Turm net när ne rennsten Vergnügn halber naufgestiegn. Er hot viele Gahr lang, bis se noochert elektrisch agetriebn wurdn sei, unnere zwee Stadtglocken gelieten, straff mit der Hand von dan Stübel unner de Glocken aus, mit enn Strick un uhne derbei müd ze wardn, un dos stets zer rachten Zeit. Of ne Albin als ne allerletzten Glöckner von Geyer war Verloß, dos ka mer net annersch sogn. Fer dan wär'sch e Ugelück gewasen, wenn er emol die Minut verpaßt hätt, wu de Glocken ze laiten warn, un dos war net när zemittig un obndst, dos war manichsmol aah ze Hochzign un ze Begräbnissen. Do war er pünktlich zer Stell, mehrschtens sugar schu ene halbe Stund vür der Zeit. Iech sah ne Türmer-Albin itze noch laut es Kirchbargel naufmachen, trotz seiner laweeten Füß – er machet ja nauf of senn alten Wachtturm, dar sei Haamit emol war, un dos muß ne Flügeln verschafft hobn!

Doß der Albin gern gut un viel gassen hot, weil er emende durch seiner armselign Kinnerzeit haufen noochzehuln hatt, doß er sich in seine besten Gahr net geschamt hot, in Stadtel de Stroßen ze kehrn, doß er kaane Kinner hatt un mit ner viel ältern, ober seelnsguten Fraa verheirat' war, mit dar er sich gut vertrogn hot, doß er, wie die noochert gestorbn war, mit seiner neie Fraa kaa Glück gehatt un doß er seine letzten

47

Gahr aasam in Feierobndheim verbracht hot un von do aus zewingst aamol in der Woch nooch senn Geyer gefahrn is, dos will iech net vergassen noch ze sogn. Ober iech will mit meiner Geschicht über ne Türmer-Albin net aufhärn, uhne noch dervu ze derzöhln, wos mir an ne Albin, über dan manicher när ewos ze lachen gehatt hot, an besten gefalln hot, weswagn iech ne aah immer geacht' hob.

Der Albin is meitog e gottgelaabiger Mensch gewasen, wie sei erschte Fraa aah, dos is fei wahr, un er hot dos niemols verlaagelt un seiner Kirchgemeinde stets de Trei gehalten. Un weil er dos war, do hot er aah niemols mit Gott gehodert. Er hot nie vergassen, Gott fer alles, wos er Gutes an ne geta hot, von Herzen ze danken. Der Albin hot baten gekonnt – esu, wie ar'sch konnt, dos hob iech salten bei enn annern derlabt. Un der Albin hot, abn, weil er esu war, senn Herrgott aah immer gern wieder mol e Lublied gesunge. Doderfür war gerod Weihnachten de rachte Zeit. Iech här ne heit noch in Advent, obndst nooch ne Fünfelaiten, von Wachtturm ro e klaa Gesangskonzert gabn un aus voller Brust de schönnsten Weihnachtslieder singe: »Es is ein Ros entsprungen« oder »O du fröhliche« oder »Stille Nacht, heilige Nacht«, alle Varsch un alles ausewennig un uhne emol stackenzebleibn ...

Unten vürn Turm sei noochert de Leit tratengebliebn un hobn draufgehorcht. Manicher mog sich amüsiert un gelächelt hobn; annern ober, aah mir, hot's gefalln, un gewieß is es dan oder gen derbei ganz feierlich zemut gewasen, wie der Albin gesunge hot ubn ofn Wachtturm, of dan de Adventsstern gebrannt un de Lichtle aus de Fansterle gelecht' hobn – dos war noochert richtiges Weihnachten! Freilich, su schie wie der Peter Schreier hot der Türmer-Albin net gesunge. Er hot esu gesunge, wie abn e alter Ma von weit in de siebzig nei net annersch singe ka, un gewieß is ne ab un zu aah emol e falischs Tönel miet rausgerutscht. Ober wie seine Lieder nei in dan Winterobnd geklunge sei, do war sei Herz derbei, un dos hot dar, dar när gut draufgehorcht hot, aah weiskriegt. Iech tät heit sist ewos derfür gabn, hätten mir unnern guten, alten Türmer-Albin noch un könnt ich ze ne sogn: »Albin, steig när emol of ne Turm nauf un sing uns von drubn wieder bissel wos von Weihnachten ...!«

Manfred Pollmer

Seid friedlich, ihr Leit

Of Wies un Wald liegt weiß der Schnee
in tiefen Tol, of luftiger Höh,
ausn ärmsten Hüttel, in klennsten Haus
guckt aah e Lichtel raus.
Seid friedlich, ihr Leit, reicht eich de Hand,
schließt fester noch es Freindschaftsband,
es is ja Weihnachtszeit!

Hall glänzt e Lichtel ofn Baam,
de Kinner spieln in Winkel dernabn.
Ofn Krippel halten de Hirten Wacht
in stiller heiliger Nacht.
Seid friedlich, ihr Leit, reicht eich de Hand,
schließt fester noch es Freindschaftsband,
es is ja Weihnachtszeit!

Verzogt när net, de Zeit vergieht,
singt fröhlich heit e Weihnachtslied!
Wenn de Menschen wieder zefrieden sei,
kehrt aah der Frieden noort ei!
Seid friedlich, ihr Leit, reicht eich de Hand,
schließt fester noch es Freindschaftsband,
es is ja Weihnachtszeit!

(gekürzt)

Anton Günther

Der Voter

Loßt miech emol in Kolanner neisah:
Ka miech heit gar net besinne!
Nu gute Nacht! Do derbarm sich e Staa!
Stieht der Dezember net drinne?

Hobn mer'n doch immer vurn neie Gahr,
wie's is mei Labtog gewasen:
Ober do stieht när der Ganuar,
un iech ka wahrlich doch lasen!

Hobn se schu alles neimodisch erdacht:
Stieht der Dezember dohinten!
Hätt iech's net gar su pulitisch gemacht,
könnt iech ne morgn noch net finden!

Hot's emol Feiertög haußen dosmol!
Rut bis von ubn un bis unten!
Su e Weihnachten, die werd enn zer Qual –
's sei ze viel Feiertogs-Stunden!

Hätt iech när volltersch ne Luhtog noch ra,
noochert hot's nischt ze bedeiten.
Wäß iech doch epper, wu aus un wu a,
mach mer e Fraad mit menn Leiten.

Komm iech ze Mittig eham von der Zach,
ass iech un tu e wing natzen;
ober nooch schnitz iech mir allerhand Sach,
un die is wahrlich ze schatzen.

Kinner un Fraa, die verdiene derzu
noch e paar Grosch' mitn Klippeln;
alles muß arbeten uhne Pardu,
darf sich von Sozer kaans rippeln.

Ober de Feiertog – schware Gebrach –
wolln mer fei Hefenkließ backen,
ordntlich Rosining nei! Braazlich un waach,
Dinger, su gruß wie de Wacken!

Klippelt, ihr Kinner! Mer sei in Advent!
Müßt fei vorn Christtog oschneiden!
Halt ihr of raane un flessige Händ,
läßt eich's Bornkinnel net leiden!

Christian Gottlob Wild

Vür Weihnachten

När dos Labn in ganzen Stadtel,
dos Gewürg un dos Gedräng!
Of der Stroß, in jeden Ladel,
überoll, do werd's ze eng.
Ja, mer merkt's nu ganz gewieß,
doß nu bal Weihnachten is.

Wie oft hobn nu schie seit Wochen
Gruße, Kläne, Bossen, Mäd
när von Heiling Christ gesprochen
un sich alle drauf gefrät.
Ja, sugar der Voter miet,
wenn's dan aah an Beitel gieht.

Fer ihrn Ma e neies Kissen
hot de Mutter schie gestickt;
wos de Kinner ogerissen,
hot se alles nei geflickt:
Fer de gruße Mad e Blus,
fern klenn Gung e neie Hus.

Jeden Obnd, do hot der Voter
ausgeschnieten un gepappt;
in der Puppenstub, do hot er
frisch Tapeten neigeklabt,
un nu rennt er, wos er ka,
un schafft neie Möbel ra.

Morgn will nu die gute Mutter
aah noch Kuchnbacken gieh.
När dan Zucker un die Butter,
die Rosining, gruß un schie!
Kinner, aßt ne när net warm,
sist werd eich, doß's Gott derbarm!

In der guten Stub, do stiehe
Kistle, Packle, klä un gruß,
Pfarle, die e Wagnl ziehe,

Äppeln, Nüss, der Christbaamfuß.
Wenn eham der Voter kimmt,
brengt er'sch Baamel miet bestimmt.

Wenn der Heilge Obnd is komme,
guckt der Voter a sei Wark.
Ach, dos Gald hot ogenomme!
's blieb när noch e änzge Mark,
un do kaaft er ben Balbier
noch e Schachtel Säf derfür.

Un zen Heilign Obnd dos Assen!
Neinerlä stieht ofn Tisch!
Ach, mer möcht bal sogn, ze frassen
gibt's do Broten un aah Fisch.
Iech ho meiner Fraa gesat:
Back mer nä e Rauche Mad!

Na, ihr Leit, do wolln mer hoffen,
doß aah's Christkind an eich denkt;
wenn der Rupprich kimmt geloffen,
doß er eich e Packel brengt!
Jeden gab er, wos er mog,
un gesunde Feiertog!

Max Wenzel

Gedanken vür Weihnachten

Ringsüm kahl de Baamer un kahl jeder Strauch,
kaa Blümele sieht mer meh blüh.
Kaa Vögele singt meh huchdrubn in Geäst,
es riecht schu von weiten nooch Schnie.

Un läßt e eisiger Nordwind dich friern
bis tief in dei Innerschtes nei –
mit'n erschten Advent, do kimmt of dich zu
von drubn e warmer Lichterschei.

Do werd dir'sch esu, gerod wie als Kind:
De Mutter nimmt dich bei der Hand
un führt dich ganz sachte ins Märchenreich nei,
nei ins glitzernde Weihnachtsland.

Un alle Gahr wieder, do greift er nooch dir,
der Zauber der Heiligen Nacht
un hot dir'sch in Hasten un Gogn der Zeit
in Herzen su fröhlich gemacht.

Erich Wunderwald
(Osterzgebirgische Mundart)

Lied vom Butterstolln

Mei Fraa, die is ben Bäcker,
mer hobn fei wieder Stollnbackzeit!
Üm fümfe rasselt der Wecker –
heit backen gar viel Leit!
Miech hot se aah miet rausgehaa –
wu iech noch gar kenn assen ka.
Mer hot su seine Nut!
Stolln, ei Stolln,
heit obnd könn' mer sche huln!

Mer hobn zwölf Stolln gebacken,
fei schwarer als e Sechspfundbrut!
Iech mußt de Manneln knacken,
mit Manneln schmeckt er gut.
Von unnern Baam ben Wasserloch –
ne Pflaummus hobn mer extra noch,
dan schmier mer ofn Brut!
Stolln, ei Stolln,
war werd dä do kenn wolln!

Bei uns sei se viel besser
als wie de Stolln wuannersch sei,
viel höcher un viel grösser –
mir tu viel Mahl miet nei!

Dos hot derwagn senn richtign Grund:
Mit Mahl, do sei de Stolln gesund,
un mir dernoochert aah!
Stolln, ei Stolln,
war werd kenn setten wolln?

Der Stolln werd ageschnieten
an erschten Weihnachtsfeiertog.
Erscht werd e wing gestrieten,
weil kaaner 's Ranftel mog!
Noort tunk mer'n Stolln in Kaffee nei –
dos soll fei uastännig sei –
ihr uastännign Leit!
Stolln, ei Stolln,
es gieht nischt über Stolln!

Mol hatt mer enn vergassen,
dan hobn mer fei in nächsten Gahr –
er war noch gut – gegassen,
an – erschten Ganuar!
Un is de gute Stollnkist leer,
guckt mer, wu noch e Ranftel wär –
es Rastel Weihnachtszeit.
Stolln, ei Stolln,
könnt mer'n erscht wieder huln!

Martin Herrmann

Su hall soll's immer sei

Der Winter pocht schu na der Tür,
de Dammring zieht ins Land,
un überoll, in jeden Haus,
wardn Lichter agebrannt.

Der Bargma un der Engel aah,
die halten stolz ihr Licht.
Der Voter sieht's von weiten schu,
gieht's hamwärts von der Schicht.

Aus alle Fanster schimmert's
naus in de Winterschnacht,
un Kinneraagn, die glänzen fruh
in haller Lichterpracht.

Ben Markt ubn, do stieht Bud an Bud
un aah e Lichterbaam.
Ihr Kinner, drängelt net su sehr,
un loßt ne Rupprich labn!

Iech guck su gern zer Weihnachtszeit
drubn von der Höh nei's Tol
un sah e Stückel Arzgebirg
un Lichter uhne Zohl.

Aus alle Fanster schimmert's
weit in de Haamit nei.
Iech denk an fruhe Kinneraagn –
su hall soll's immer sei!

Harri Müller

Weihnacht is es wurdn

Wos stärt uns die Kält, die gruße?
's is Advent, Weihnachten werd's!
In uns is ne Fraad, ne bluße,
un die macht's uns warm üms Herz.

Wos stärt uns die Nacht, die lange?
Wu doch nu Weihnachten kimmt!
Halles Licht is aufgegange,
dos uns alles Dunkle nimmt.

Mog's aah friern un mog's aah schneie,
mog's aah noch su finster sei:
Fröhlich stimme mir ofs neie
in de schönnsten Lieder ei.

Bis zen Himmel nauf soll's klinge:
Weihnacht, Weihnacht is es wurdn!
Loßt uns allezamm lubsinge:
Gottes Sohn is uns geborn!

Manfred Pollmer

Vürweihnacht

Nu sei mer fei weit nageruckt.
De Peremett stieht do.
Es hot schu 's erschte Mol geschneit.
Kaa Weibsen hot meh ordntlich Zeit,
hult's Zeig von Buden ro.

Dos Weibsvolk hot ne größten Drahsch!
Wos möcht do alles sei!
Se schießen sich – när, doß se's bleibn –
ben Waschen un ben Mannelreibn
gewieß de Hernschol ei.

Mog's draußen kalt un finster wardn,
der Bargma trögt sei Licht.
Mei Gung baut noch an'n Weihnachtsbarg,
dar läfft elektrisch an enn Wark,
un iech schreib e Gedicht.

Es Mannelzeig werd agericht',
kriegt Farb un neie Glanz.
Nooch Stolln, do duft's in ganzen Haus,
un ubn zen Budenfanster raus,
do hängt de Weihnachtsgans.

Sacht zieht de Fraad in jeds Gemüt,
der Engel hält ne Stern.
Un gönnt mer sich e fünkel Ruh:
E klaanes Lied, e Schnork derzu,
dos härt mer esu gern.

Edmut Kluge

Advent

's gieht wieder mol e Gahr ze End,
Weihnacht rückt ra, ihr Leit,
un wu mer hieguckt überoll
sich gruß un klaa drauf freit.

Un erscht bei uns in Arzgebirg,
do is eich ewos lus,
do werd gebastelt un gebaut,
gewarkt bei klaa un gruß.

Der Weihnachtsbarg werd vürgericht',
de Peremett geleimt,
Bargma un Engel, wie's der Brauch,
ans Fanster nageraimt.

Die halten huch ihr Weihnachtslicht,
doß warm dar halle Schei
dringt nei ins Stübel, naus ins Land
un in de Herzen nei,

un Weihnachtsfreid un Weihnachtsglück
gieht von dan Lechten aus,
zieht in geds Dörfel, gede Stadt,
zieht ei in gedes Haus.

Un wenn dar Weihnachtsfrieden sich
senkt über Flur un Fald,
do is mei Wunsch: Doß er sich bret'
hie über alle Walt!

Erich Wunderwald
(Osterzgebirgische Mundart)

Mei Weihnachtsgartel

Schie Muhst un drei, vier Fichtle nei,
dos hul iech mir in Harbist rei,
bau's of enn grußen Kuchnblach drauf
un stell noort de Figürle auf.
De Fichtle wardn in Ard gesetzt
un aah fei jeden Tog genetzt,
un ze Neigahr, saht's eich när a,
do is der erschte Maiwuchs dra! –
Gleich linkerhand, do wühln de Sai,
derhinner is de Schaferei;
de Schof, die sei von Seiffner Max.
Rachts aus der Höhl, do kriecht e Dachs,
dan ho'ch mer aus ner Sau geschnitzelt,
die übrig war, zerachtgebitzelt.
E fei paar Stunden hänge dra,
die Sau sieht mer'n bal nimmer a,
un iech bie hehr un iech bie fruh:
Der Zahnte brächt dos gar net su!
Der Färschter schnauzt de Reiß'gfraa a,
sei Dackel schnappt an Rocksaam na.
He, Färschter, loß die Fraa in Ruh,
sist kriegst's mit Stülpner Karl ze tu;
dar guckt schu hinnern Felsel raus,
de Krahne reißen aah schu aus. –
Vorn über'sch Bachel führt e Brück,
war do net durchbricht, hot fei Glück!
E Waldarbeter ißt senn Brei,
sei Fraa stieht mit ne Korb derbei.
Der Köhler richt' senn Meiler zamm,
Beerkinner trogn ihr Krügel ham.
Ganz hinten fatzen Hosen rüm,
der Schwammema steigt rüm un nüm.
De Füttering is voller Hei,
dar gruße Hersch frißt's schu zamm nei.
In hinnern Winkel glänzt e Teich,
abnvoll Forelln – dort wardn se gleich!
Un su wär alles schie in Lut,
de Wildtaubn när, die mach'mer Nut;

die bleibn net sitzen of ihrn Baam,
die klaub iech egal unten zamm,
un öftersch is gar aane wag;
do ärger iech miech bal ze Drack!
Dan Fuchs, dan Luder trau iech net,
dar Spitzbub werd mir gar ze fett.
Wenn'ch do wos weiskrieg, gieht's ne schlimm,
do dreh iech ne es Kreitrich üm
un balg ne o un noochert, schwupp,
setz'ch ne als Pelzmütz of menn Kopp!
Die käm mir itze grod ze paß,
dos wattert draußen, net zen Spaß.
Der Schnee, dar wächst zen Fanster nauf,
morgn früh breng mer de Tür net auf! –
Traam iech su von menn Gartel dra,
lacht's ganze Arzgebirg miech a.
Mei Haamit labt un spricht ze mir
aus dan klenn Flackel Muhst dohier!

Martin Herrmann

Weihnachtslied fer menn klenn Gung

Guck, mei Gungel, draußen weht's,
in de Baam hängt Reif.
Übern Gartenzaun ben Haus
spanne Harbistblume raus,
dürr un stackensteif.

Sah a, Gungel, itze schneit's,
Flöckle törmeln rüm,
straacheln jedes Flackel leis,
morgn früh, do strahlt alles weiß
rings rundümedüm.

Lach, mei Gungel, un bie fruh!
In der finstern Nacht
wardn gegn Zank un Streit un Laad
voller Fraad un Haamlichkaat
Lichtle aufgemacht.

Guck, mei Gungel, guck un staun:
Hall es Kerzel brennt.
Silberkugeln glitzern schie,
ubeholfen greifst de hie
mit de klaanen Händ.

An der Stubndeck lecht' der Stern,
Gungel, guck när nauf!
Sitzst ganz still un staunst'n a,
bal su wie ben Raacherma
stieht dei Guschel auf.

Bargma, Engel trogn es Licht
in der Winterschnacht.
Guck, mei Gungel, guck e wing:
Peremett gieht ümering,
Flammle knistern sacht.

Fraa dich, Gungel, Weihnachtsglanz
kimmt von Lichterbugn.

Alles werd dervu derhallt:
Bal is of der ganzen Walt
Frieden eigezugn.

Edmut Kluge

Wenn ...

Wenn der Schneesturm durch de Falder
wie der wilde Gager braust,
dar un ganer in de Walder
sich enn rachten Christbaam maust;
wenn der Lehrer mit de Kinner
singt dos Lied von Tannebaam,
un de Kinner of de Tschinner
gieh un komme net eham;
wenn der Voter un de Mutter
überrachne mol ihr Gald,
un zen Backen när de Butter
un noch su e manichs fahlt;
wenn de Raacherkerzle duften
un der Bargma werd geleimt,
wenn se alle müssen schuften,
wenn de Eck werd eigeraimt;
wenn de Mutter mit'n Hoder
fix durch alle Stöbn läfft,
un de Kinner un der Voter
bal in Wasserdrahsch dersäfft;
wenn de Kinner obndst halb neine
pünktlich wardn ze Bett gebracht,
wenn der Rupprich tut erscheine
un der Kuhhos werd geschlacht';
wenn de Peremett tut laafen,
wenn Musikprob in der Kirch,
wenn mer tut enn haufen kaafen –
noort is Weihnacht in Gebirg!

Max Wenzel

Weihnachtskinnerlied

Satz für drei gleiche Stimmen

De Mutter bäckt de Weihnachtsstolln
ben Müllerhennerfranz,
se raanevniert es ganze Haus
un ruppt de gruße Gans.
Schneegestöber, Hutzenleit,
Weihnacht is de schönnste Zeit.

De Maad vergolden Weihnachtsnüß
un hänge Drahtle na.
Es Liesel hult ne Lechter ro,
un's Lenel macht ne raa.
Schneegestöber, Hutzenleit,
Weihnacht is de schönnste Zeit.

Der Gung, dar baut enn Weihnachtsbarg,
er baut ne ganz allaa,
er hot aah schu paar Reh geschnitzt,
ne Stülpner Kar sei Fraa.
Schneegestöber, Hutzenleit,
Weihnacht is de schönnste Zeit.

An Heilign Obnd nooch'n Neinerlaa
kimmt Rupprich in senn Staat.
Un wenn's aah bluß der Voter is,
mer hobn de größte Fraad.
Schneegestöber, Hutzenleit,
Weihnacht is de schönnste Zeit.

Friedrich Emil Krauß

Rupprich-Varschel

Rupprich, Rupprich, guter Gast,
wenn de wos in Sackel hast,
kimmst de rei un setzt dich nieder,
hast de nischt, do giehst de wieder.

Überliefert

E Krippel

Menn Nachber sei Boß,
wos iech do su här,
dar ka eich ewos –
mer wunnert sich när.

Dar blebt eich derbei,
wenn dar drüber sitzt:
Dieletzt hot er fei
e Krippel geschnitzt.

Es Kind in der Wieg,
es Heilige Paar,
de Hirten, es Viech,
de Weisen sugar.

Un wunnerschie sieht's,
esu, als tät's labn!
Ze Weihnachten stieht's
schu miet unnern Baam.

Manfred Pollmer

's Pfarl

We mer zen Heilignobnd früh unnern Christbaam aputzen, do häng' mer aah is Olbernhaaer Reiterle mit na. Su oft iech nu dos Pfarl in de Hand namm, do war iech jeds Mol an wos erinnert, dos hot sich vür viele Gahr emol zugetrogn. Dozumol wor unner Nachbar e kläner Gung, dar sich ze Weihnachten e Schaukelpfar gewünscht hatt. Ar hot's in Stadtel drinne gesahn, wu er mit'n Voter un der Mutter zen erschten Advent de Schaufanstern ageguckt hot. E braunes Fall hot's gehatt, un pachschwarz sei der Schwanz un de Mähn gewasen. Nu, un erscht dos schiene bunte Zaum- un Sattelzeig. Dos Pfarl wor nu sei Traam, un dar is nimmeh rausgang aus senn Köppel!

Seine Leit hobn sich dosderwagn aah beredt' un gemänt, wenn's Pfarl ni ze teier wär, sollt's der Rupprich ihrn Gung aah brenge. Der Voter is aah glei ne annern Tog obnd nooch der Arb' neigang in Loden un hot nooch'n Preis gefregt. Aber dar war doch racht huch! Nu wor'sch fei net esu, doß se is Gald derzu ni hatten, ober's mocht fern Gung aah neies Aziehzeig sei, un e Bilderbuch un e Baukastel sullt er aah kriegn. Un weil der Voter e racht geschickter Ma wor, dar sich manichs salber machet, hot er gedacht: Warscht dos Pfarl salber baue! Ar wor aah glei ze Wark gang, un lange hot's ni gedauert un's Pfarl is fertig gewasen. När e bill grußmachtig wor'sch geroten. Ober de Mutter hot gemänt, dos wär kä Schoden, der Gung tät ja noch wachsen. Der Rupprich sollt's brenge, un alle bäde worn se nu neigierig ofn Heilignobnd un wos der Gung derzu sogn wür.

Dar wor racht freidig zer Tür reikomme, hot erscht is Schaukelpfar un dernooch is Bilderbuch ageguckt; noochert hot er mitn Baukastel gespielt. Der Voter soß wie of Kuhln. Wie er'sch nimeh aushalten konnt, freget er ne Gung, wie ne dos Schaukelpfar gefalln tät, wos ne der Rupprich gebracht hatt. Der Gung gucket ne a un heilet lus: »Dos, dos is ni von Rupprich, dos host de salber gemacht!« Der Voter is kasweiß wurdn. Noochert hot er 's Pfarl agepackt, hot's nausgetrogn un is ze Bett gang. Dos war ene schiene Bescherung! Ene Weile hot de Mutter mitn Gung noch alläne in der Stub gesassen, noochert sei se aah nauf in der Kammer gang – zen Heilignobnd üm achte! Do logn se nu in de Betten, hobn ni geschlofen un aah ni geredt mitenanner. Un ze de Feiertog is's in Haisel esu ruhig zugang wie in der Kerch …

Ober wie dos su is, lang konnten se ni mitenanner dickschen. Nooch'n zweeten Feiertog war e Stöberwatter lusgang, doß mer gedacht hot, is Haisel werd waggeweht. Der Voter un de Mutter hatten när egol draußenrüm ze tu; se hobn Schnee waggeschaufelt un ne Gartenzaun wieder grodgericht'. Un der Gung, su klän wie er aah wor, hot sich racht astellig gezeigt un aah miet zugepackt. Un eh is neie Gahr eigezugn is, hobn se wieder geredt mitenanner, bluß an Pfarl wur ni nagestußen. Dos log ubn ofn Schuppenbuden un sullt epper zen Herbist ze Feierhulz gemacht wardn. Wie nu de Zeit ra war un der Voter de Sag asetzt, do is ne gewasen, als hätt's Pfarl ze ne hargezwinkert. Ar stellt de Sag wag, guckt's a un sieht of ämol, doß der Gung ni ze Uracht geheilt hatt. E wing dernabngeroten war's schu! Un weil ne der Gung nu gedauert hot, do hot er is Pfarl schie sachte ausenannergenumm, sich derbei Zeit genumm un e neies drausgemacht. Un wos sull iech eich sogn: Zen nächsten Heilignobnd stand e Schaukelpfar unnern Christbaam, dos kunnt der Rupprich ni schönner bring! Wie dos der Gung gesahn hot, is er hiegesterzt zen Voter, hot ne mit seine Armle ümschlunge un in äner Tour när »Voter, lieber guter Voter!« gesat.

Diesmol soß de Mutter wie of Kuhln, drüm sat se zen Gung: »Iech wäß fei ni, Gung. Do hast de nu dei Schaukelpfar kriegt un traust dich ni drauf. Iech denk mir när, dos hult der Rupprich heier aah wieder!« Do hätt ihr ober dan Gung sahn solln! Ar machet hie zen Pfarl un nischt wie drauf, un is Schaukeln ging lus – war dos e Weihnachten! Heit is dar kläne Gung vun domols e großer Ma, dar aah schu Enkelkinner hot, die itze maniche Stund of dan guten, alten Pfarl durch ihre schiene Kinnerwalt reiten ...

Dorothea Uhlmann
(Osterzgebirgische Mundart)

Adventsliedel

Nu sei mer wieder mol suweit,
es Gahr gieht still ze End.
Es kimmt de liebe Weihnachtszeit,
mer stiehe in Advent.

Ihr Kinner, sogt mer, wos ihr wollt:
De Weihnachtszeit is schie!
Un war dos noch net wissen sollt,
mog ins Gebirg nauf gieh.

Bei uns, do kehrt's Bornkinnel ei,
drüm sing mer allezamm:
Weihnachten ka nergndst schönner sei,
als wie bei uns derham.

Max Wenzel

Loßt uns frohlocken zer Weihnachtszeit ...

's is Weihnachtszeit

Loßt uns ne Rupprich racht halten in Ehrn,
's is doch e gar guter Ma;
würgt durch ne Schnee durch un kimmt ze beschern,
is aah kaa Stappele Bah.

Schimmernde Pracht glitzert un lacht;
über de Barg zieht heilige Nacht.
Glockengelait jubelt voll Freid:
Arzgebirg, 's is Weihnachtszeit!

Loßt uns e Licht of ne Lichterkranz tu,
doß sich es Herz racht derfreit.
Loßt uns aah singe e Liedel derzu:
Weihnacht is salige Zeit.
Schimmernde Pracht glitzert un lacht;
über de Barg zieht heilige Nacht.
Glockengelait jubelt voll Freid:
Arzgebirg, 's is Weihnachtszeit!

Loßt uns racht gut zeenanner aah sei,
halfen durch Kält un durch Schnee;
noochert klingt's schie in der heilign Nacht
nei: Ehre sei Gott in der Höh!
Schimmernde Pracht glitzert un lacht;
über de Barg zieht heilige Nacht.
Glockengelait jubelt voll Freid:
Arzgebirg, 's is Weihnachtszeit!

Edwin Bauernsachs

Macht de Herzen weit

Ihr Leit, de Weihnachtszeit is do,
von Himmel falln de Flocken ro,
in jeden Haisel stieht e Baam,
un aah der Bargma stieht dernabn.
Un dreht sich dann de Peremett
un huch von Turm es Glöckel lett,
de Walt is voller Lichterschei
un Frieden zieht ins Stübel nei,
dann stieht de Walt enn Aagnblick still,
weil jeder von uns Frieden will.
E klaanes Fünkel Lichterschei
gehärt in jedes Herzel nei!
E ganz klaa Lichtel langt schu bluß,
un e klaa Flammel, gar net gruß –
mer wolln's versuchen azezünden,
dä alle müssen Frieden finden,
drüm macht mol eire Herzen weit
fer unnre schiene Weihnachtszeit!

Heinz Lauckner

De neie Pupp

»Wos kaafen mer bluß unnerer Mad ze Weihnachten …?« Ja, ihr Leit, hobt ihr net aah schu emol su enn Dischkur gehatt? Dos sei fei aah Sorgn! Mer waß doch bal nimmer, wos mer dan Kinnern kaafen soll. Se hobn doch schu alles: E Fahrrod, enn Roller, ene Puppenstub – ach, wenn mer do aufzöhln wollt! Un doch möcht mer dan Kinnern jeds Gahr wieder ewos schenken …

»Waßt de wos«, sog iech ze meiner Fraa, »voriges Gahr hot's Madel e neie Puppenstub kriegt; kaafen mer abn dan Gahr e neie Pupp. Die alte, ihr Karlinel, is doch nimmer derhaufen wart. Iech dacht schu dan Sommer, wenn's Madel ausgefahrn is, mer muß sich doch vür de Leit schame! Su ene schiene Kutsch, un die alte Karet drinne!« Ne nächsten Sonnobnd sei mir aah geleich emol nei nooch Karl-Marx-Stadt ins Kinnerkaufhaus gefahrn un hobn ene neie Pupp gekaaft. Iech ka eich sogn, dos war fei e Pupp, dos war schu e klaane Prinzessin! Se hatt schiene blonde Haar, e modernes Klaadel hatt se a un e Gesichtel wie gemolt.

Mir hobn uns gefraat wie de Kinner. Unnere Grußemutter hot geleich noch e Gakkel un e Röckel gehakelt, doß de Pupp aah noch ewos azeziehe hatt. Nu konnt Weihnachten komme. De Fotolamp un es Knipskastel wurdn reigehult, dä alles war doch nu gespannt, wos dos Madel fer Aagn machet, wenn der Rupprich die schiene, neie Pupp aus senn grußen Sack rausbrengt. Wie warn mir ober enttaischt, dä die Fraad war gar net esu gruß, wie mir gedacht hobn! Die Pupp wur in Kanepee gesetzt un ne ganzen Obnd net wieder agesah. Wie mir schlofen gange sei, log unner Madel in Bett un hatt ihr altes Karlinel in Arm, als wenn's sogn wollt: »Hob när kaa Angst, wenn du aah net esu schie aussiehst, wie die Neie, su hob iech dich doch viel, viel lieber …!«

»Siehst de«, sogt do mei Fraa, »de Kinner sei doch viel gescheiter wie mir. Mer ka abn net alles geleich wagschmeißen, wenn's nimmer ganz nei is!« »Hast schu racht«, sog iech drauf, »sei mir doch aah schu die vielen Gahr zesamm, un doch bie iech su fruh, doß iech dich noch hob …!«

Horst Gläß

O Tannebaam

O Tannebaam, o Tannebaam,
nu sieht mer bal dich wieder;
e jedes singt von dir derham
de schönnsten Weihnachtslieder.
Doß deine Nodeln immer grü,
dos wußten mir als Kinner schie …

O Tannebaam, o Tannebaam,
nu sieht mer dich bal wieder!

O Tannebaam, o Tannebaam,
nu werd mer bal dich kaafen;
erscht will mer fufzn Neigrosch gabn –
un muß vergablich laafen.
Brengt mer dich ham voll grußer Lust,
hast du enn reichlichn Toler 'kost!
O Tannebaam, o Tannebaam,
war soll dich heit noch kaafen?

O Tannebaam, o Tannebaam,
wos tu se aus dir machen!
Wos hänge se an dir fer Kram,
Gelump un schlachte Sachen
aus Blach, Papier un aus Gelos,
fer fufzig Pfenng es ganze Gros …!
O Tannebaam, o Tannebaam,
wos se su aus dir machen!

O Tannebaam, o Tannebaam,
wie deine Lichtle funkeln!
Du strahlst als wie e Kinnertraam,
wenn's in menn Labn will dunkeln …
När, dann do werscht de net gelobt,
wenn is de Tischdeck vollgetroppt!
O Tannebaam, o Tannebaam,
wie deine Lichtle funkeln!

O Tannebaam, o Tannebaam,
wie fräe sich de Kinner:
tut's an dir wos ze assen gabn,
komme se fix derhinner.
Un von de unnern, größten Zweig
nimmt egal ab dos Zuckerzeig!
O Tannebaam, o Tannebaam,
wie fräe sich de Kinner!

O Tannebaam, o Tannebaam,
wie oft werscht du besunge!
Voll Adacht singe allezamm,
de Alten un de Gunge.
När du, du machst e dumms Gesicht,
dä mehstens bist du när – e Ficht!
O Tannebaam, o Tannebaam,
doch werscht du fruh besunge!

Max Wenzel

Weihnacht über Wallern

Haamlich is's in Stübel,
's is als wie e Traam.
Weihnachtsbarg un Lechter,
alles hot sei Labn.
Niklas, du kast komme,
's is dir aufgemacht.
's scheint e Lichtel überoll
zer heilign Nacht.

Über jeden Haisel
huch e Sterle glüht.
Unner ganze Haamit
is e Weihnachtslied.
Niklas, du kast komme,
's is dir aufgemacht.
's scheint e Lichtel überoll
zer heilign Nacht.

Edwin Bauernsachs

Heiliger Obnd

Heiliger Obnd, von Gott erkorn,
wu war Jesus Christ geborn,
drüm die Lichter uhne Zohl
lechten über Barg un Tol.

Herz un Seel macht heit bereit
in dar saling Weihnachtszeit,
singt – es liegt de Walt in Schnee:
»Ehre sei Gott in der Höh!«

Luise Pinc

Dankgebat

Du bist Mensch gewurdn,
uns zegut,
hast dei Labn,
hast dei Blut
für uns gabn.
Herr, hob Dank derfür!

An de Kripp im Stall
trat iech na,
falt de Händ,
bat dich a,
find kaa End,
dort ze danken dir.

Immer soll's su sei,
doß iech dir,
Heiland du,
dank derfür.
Immerzu,
net bluß heit un hier.

Karl Hans Pollmer

Heiligobnd in der Futterhütt

Es war e narrsches Gahr. Erscht weit nei in Dezember fing's a ze schneie. Der Schnee decket alles zu, dick und schwar in ganzen Gebirg bis nauf of Wiesenthol un von do nauf bis ofn Fichtelbarg un übern Kamm drübn nunner nooch Tallerhaiser. Toglang hatt's när weiße Flocken runnergehaae. Noochert erscht, wie alles zu war, kam der Wind auf un wehet de Flocken schie durchenanner. An Heiligobnd wehet er übersch Land hie, doß mer kenn Wag meh derkenne un finden konnt, aah in Wald net. Do pfiff der Schnee durch un trieb dan Schnee de Schlèisen lang über de Lichtinge; 's war kaa Durchkomme meh. War derham soß, dar soß warm, ober die Menschen, die noch unnerwagns warn, un in Wald 's arme Viechzeig, dos sei Futter net finden konnt! De Wald- un Forschtleit, die trogn schu zeitig in Gahr aah in Wald zamm, wos se in Winter zen Füttern parat hobn; se hobn schu ihre Futterstelln, ober die wolln aah in Winter besorgt sei, gerod bei setten Watter, aah zer Weihnacht.

Un dodra dacht aah der Färschter von Tallerhaiser in senn klenn Forschthaus. Leit würdn heit net viel aus der Stadt unnerwägns sei, Wildleit aah net, un de Post von Wiesenthol un von Ritterschgrü, die konnt gar net fahrn, eh der gruße Schneepflug gefahrn war. Ober de Viecher in Wald? Nooch dan wollt er emol noochsahe, emende noch e Bündel Hei raustue aus der Hütt, de Raafen aah e wing von Schnee raime. De Fraa mußt'n e paar Fiezen neipacken in senn Rucksoock. Der Hund? »Naa, der Hund blebt derham heit, dar kimmt net durch de Schneewehn durch«, dacht er. Un esu fuhr er of senn Schneeschuhn lus. Vürn Obnd wollt er wieder retour sei, dos war in ener klenn Stund – uhne dan grußen Schnee! Of der Stroß war net viel lus, 's hatt niemand meh haußen wos ze tu; när vürn Gasthuf stand de Wertsfraa un gucket: »Inu, Herr Färschter? Bei dan Watter?« »Huln will iech kenn Hos, ober emol noochsahe, gerod bei dan Watter!« »Nu do, gute Lust! Ober mei Besuch kimmt aah net, die wollten schu ze Mittog do sei!« »Die sei emende ümgekehrt, heit kimmt nischt durch.« Esu ging's hie un har, un wetter fuhr der Färschter.

Un es war aah esu: Kaa Mensch ze sah, kaa Spur of der Stroß, de Staatsstroß war raaneweg zugeweht, nischt ze sahe, net emol ene Wognspur. Der Färschter kannt sich schu noch aus, ober er hatt aah seine Bedenken: Es hatt dan Schnee esu hiegehaae, doß mer net in Wald neikonnt. »Wie soll mer sich dä do zerachtfinden?«, dacht er. Un derbei schneiet's noch immer. »'s is nischt ze sahe un ze finden. Iech war doch heit lieber ümkehrn. Morgn früh, wenn's epper aufgehärt hot ze schneie, wenn's aah e wing haller is, do is es emende doch besser. Morgn früh gieht's geleich wieder lus«, un mit sette Gedanken kehret er wieder üm.

In der ganzen Heilign Nacht hatt's wettergeschneit. An annern Morgn war'sch net viel besser, när doß itze der Sturm e wing noochgelossen hatt. Do machet der Färschter wieder lus. De Wertsfraa stand aah wieder in der Tür: »Iech hob der ganzen Nacht kaa Aag zugeta, de gunge Leit aus Chamtz sei net komme, un an Morgn hatten se doch noch gerufft, ehe se derham fort sei. Ober heit gieht aah es Telefon net!« Se war schu in Sorg, de Wertsfraa. »Inu«, sat der Färschter, »do möcht mer emende ewos astelln. Wenn iech wiederkomm, sahe mer nooch. Itze will iech erscht naus in Wald!« Es zug ne halt zeerscht nooch senn Viechzeig. Bal ging's übern Wurzelbarg na, do muß er naus, do kam er aah bal zer erschten Fütterring. Ober dar Schnee, dar hatt sich fei ausgelossen! Mer konnt nischt Genaues ausmachen. Alles war zugeschneit! Von Futterhaisel war när es klaane Giebelfanster über der Tür auszemachen, dos glitzert e wing in der Sonn. Alles war zugeweht, de klaane Hütt in Schnee vergrobn, de Raaf aah zugeweht ...

»Ganz weihnachtlich hier ubn, wenn mer de Aagn derfür gehatt hätt!«, dacht der Färschter un tat e wing schnuppern. De Luft war frisch, eisig klar – un doch war'sch üm der Hütt rüm wie e Gerüchel von Labn, er spüret's genau. Un er schnuppert wieder. Dos hier war wie e klaans Gerüchel Weihrichkerzel! »Alts Gemahr«, dacht der Färschter, »dos is emende der Rucksoock von derham. In Wald ka's meintwagn nooch enn Feierle von de Holzmacher riechn, aah emol nooch ner Harzhus – ober nooch enn Weihrichkerzel? Dos wär mer doch e Weihnachtswunner in unnern Wald ubn!« Ober dar Schrack! De Forschtleit derschracken net esu lecht allaa in Wald, es war itze ober doch bal esu, als häret er Stimm. »Dos könne doch itze gar kaane Leit sei«, dacht er un ging of der Hütt zu.

Huch log der Schnee dervür, bis na an Türbalken. Un inu, do logn ganz durchenanner Schneeschuh, zwee-e, dreie, viere, zwee Paar un aah de Stacken derzu. Dos alles hatt emende vür der Tür gestanden; der Sturm hatt's ümgehaae un de Tür noch meh versperrt. »Is do aans?«, ruffet der Färschter un noch emol: »Is do aans in der Hütt?« Ober die war ganz von Schnee un Eis verwiemert un von dan durchenanner gepurzelten Zeig versperrt. Do konnt aans net raus un net nei. Do, ganz deitlich, häret er nu de Stimm von enn Ma, die sat: »Bitte, machen Sie nur von außen auf, mir sei dohierten eigeschlossen un könne net raus!« 's klang erzgebirgisch. Der Färschter fasset sich, zerret de Schneeschuh ausn Schnee vür, drücket derbei de Schneeweh e wing ausenanner, doß de Tür freier wur. Noochert drücket er die klaane Giebeltür auf.

»Inu«, bracht er zeerscht när raus, »wos is mer dä dos?« Es konnt gar net färschterlich-amtlich klinge, esu war er von dan Weihnachtsbild gepackt. Dan Ma, dar bei der Tür stand, dan sooch er schu gar net meh, ober do soß ene gunge Fraa in Hei, ene Deck über de Baa, der Rucksoock log dernabn. »Inu!«, bracht'r när wieder raus un war vür Schrack un Staune bal uhne Sproch. »Wie komme Sie dä do rei bei dare Kält un dan Schnee?« »Un net wieder raus!«, sat dar Ma, dar sich geleich gefaßt hatt. »Iech gelaab's schu!« Die gunge Leit warn werklich bal derfrorn, wenn's aah in Hei net gar ze kalt wardn konnt, ober es wehet doch darb durch de Klacken. Se klapperten ganz ordntlich, hatten emende gar e Lichtel agebrannt, hatten's ober in e Tippel gestellt, doß kaa Feier in der Hütt wardn konnt. Un waßderhule, do war dos Weihrichkerzel, dos der Färschter wahrgenomme hatt! Se hatten in dare Nut doch de Heilige Nacht net vergassen un sich gefaßt.

»Ha«, sat dar gunge Ma, »mir sei gestern von Cruttendorf rauf übern Kalichbarg un de Tholer Stroß raufkomme un wollten nooch Tallerhaiser. Do is zen Schnee noch der Nabel aufkomme, ehr mer'sch gewahr wardn konnt. 's war geschwind duster, do sei mer noochert nooch rachts okomme. 's war när gut, doß mer gerod noch die Füttering gefunden hobn. Mir dachten erscht, es wärn schu Waldhaiser. Ober 's war de Retting. Iech gelaab, mir wärn derfrorn! Do sei mer halt hiergebliebn. 's Türl war när agelehnt.« »Un do«, sat der Färschter, »hobt er de Heilige Nacht esu derlabt, of Hei un Struh, gerod esu wie in Bethlehem un aah wie hier bei de ganz alten Leit, ehe se in de Metten giehe. Do seid när ne liebn Gott dankbar, doß er eich gerode esu gnadig geführt hot – un dankbar aah, doß iech gestern ümkehrn mußt, wie iech ben Dunkelwardn hierauf wollt. Sist wär iech erscht nooch de Feiertog wieder hieraufkomme. War waß, wos do mit eich passiert wär in weiten Wald bei dare grußen Kält! Zer Heilign Nacht, inu!«

79

»Inu«, sat aah die gunge Fraa, »mir sei erscht acht Tog verheirat', in Tallerhaiser wollten mer de erschte Weihnacht allaa feiern – oder net esu!«, lachet se. »Waß iech, waß iech«, schmunzlet der Färschter, »un nu sei de Betten in Tallerhaiser in Gasthuf ledig gebliebn in dare Nacht un hot de Frau Schneider de ganze Nacht kaa Aag zugeta, dieweil ihr net komme seid. Oder nu kommt när geleich miet. Iech war eich es Ding nofühen of Tallerhaiser. De Frau Schneider werd de Stub schu wieder eihaazen. Wenn's in Ufen racht wummern tut, noochert werd's eich aah wieder warm wardn. Packt zamm, iech will derweile e paar Bündele Hei nei der Raaf tue un e paar Händ voller Kastaning fer mei Viechzeig. Geleich gieht's föder!«

Und noochert führet der Färschter, racht zefrieden mit sich, seine Heiligobndgäst, wie er se nenne tat, über de verschneiten Wag un Stroßen raus ausn Wald. Do log aah Tallerhaiser in der Sonn racht schie do. 's Schneie hatt aufgehärt. Mer sooch bal kaane Haiser, ober do, wu se sei mußten, stieg der Raach zen Himmel nauf. De Leit warn ja alle derham, heit zen erschten Feiertog. Aah de Wertsfrau, de Frau Schneider, war derlöst, wie die gunge Leit akame, un fruh, doß die Geschicht noch esu ausgange war. Nu warn se insoot un gut unnergebracht. Se kame aah bal zerand mit alln, wos se in der Heilign Nacht derlabt hatten. Es war schu bal e richtigs Wunner gewasen, de Heilige Nacht in weiten Wald of Hei un of Struh, mit enn klenn Weihrichkerzel! Ene richtige Weihnachtsgeschicht! Weihnachten in Gebirg!

Konrad Rösel

Weihnachten

De Walt is wie e Weihnachtsbarg,
dar voller lauter Lichter hängt,
schie wie der Heilge Christ,
dan uns der Rupprich brengt.

In jeden Haus, do brennt der Baam,
de Peremett gieht ümering.
Der klaane Raacherma,
dar raacht un qualmt un stinkt.

De Kinner spieln zen letzten Mol
mit ihrn zerbrochne alten Zeig.
Es war es ganze Gahr
ihr klaanes Himmelreich.

De Walt is heit e Weihnachtsbarg,
dar voller lauter Lichter hängt,
schie wie der Heilge Christ,
dan morgn der Rupprich brengt.

Karl Hans Pollmer

Wiegnlied

Poheia, mei Madele, schlof bal ei!
Sist ruff iech geleich ne Hans Rupperich rei!
Dar fackelt fei net, dar nimmt dich miet,
noort werscht de dich wunnern, wie dir'sch gieht!

Poheia, mei Madele, schlof ja ei!
Do ruff iech aah morgn es Bornkinnel rei.
Dos brengt dir Rosining un Äppeln un Nüss,
do werscht de mol schmatzen, die schmecken fei süß!

Poheia, mei Madele, schlof fei ei!
Iech ruff aah es Hahnel un's Hühnel rei.
Mei Hühnel legt Gackele, weiß un schie,
mei Hahnel tut kröhe: Kikriki!

Poheia, mei Madele, schlof vollends ei!
De Engele komme schu bal ze dir rei.
Se setzen sich alle miet in dei Wieg,
spieln noochert mit dir un herzen dich!

Poheia! Mei Madele schlöft nu ei!
Se söll aah e Madel von Zucker sei!
Nu schlöft se! O schlof när in Gottes Arm,
iech setz dir derweile dei Milich warm!

Christian Gottlieb Wild

De Ros in Schnee

Es knarrt der Schnee in kalter Winternacht,
an Himmel flimmern tausend Sterle auf.
E Klinge von der Weihnacht weht durchn Wald,
un voller Adacht wendt mei Blick sich nauf.

Un wie iech stamp durchn Schnee un guck derbei,
do fällt mei Blick hie of e winzigs Wos.
Vürsichtig heb iech's aus dan kalten Schnee
un halt in meiner Hand e blasse Ros.

E richtge Ros, wie se der Sommer schenkt,
wenn ümedüm de Walt in Blütenpracht ...
Behutsam wärm iech se in meine Händ,
de Sommerros in kalter Winternacht.

Als wär e kostbarsch Labn mir avertraut,
su trog iech se behutsam bis eham
un stell se hie an Fanster, wu zer Seit
der Bargma un der Engel stieht dernabn.

Un wie de Lichter brenne ümedüm,
de blasse Ros zen neie Labn derwacht ...
Do fühlt mei Herz voll Dank in darer Stund
es Wunner von der heilign Weihenacht.

Stephan Dietrich

Der Rupperich

Huh! Oder nu dar Larm! Wos is?
Dos trappt doch vorn in Haus!
Do is e Fremmer wuhl gewieß,
dar kennt sich do net aus!
Guckt när emol aans vür der Tür,
dos kimmt enn doch bal artlich vür.
Gust, gieh doch hie, 's pocht andr'[1] a,
darb war'sch, 's is wuhl e starker Ma!

Du grußer Schrack! War is insoot?
Wie sieht dar Kerl dä aus?
Der Rupprich is's, o Rast, dar hot
enn Kopp, dos is e Graus!
Dan Bart, dan Pelz, dan grußen Stock,
wuhl gar aah Hörner wie e Bock;
enn grußen Sack, dan hot er aah,
un gammerliche gruße Baa!

Wu sei dä när die Kinner hie?
Wag sei se allezamm.
War blebt dä bei dan Kerl gern stieh?
Versteckt eich allezamm!
Aans guckt dort hinnern Ufen vür,
es annre aus der Kammertür;
es Klaane kriecht bei der Mutter na
un schreit: »Saht hie, dar schwarze Ma!«

Se müssen oder alle har!
Nu frögt der Rupprich fei,
öb se Sprüchle könne un aah war,
möcht maa unartig sei.
Do sogt nu geds senn Varsch un Spruch,
der gruße Gung is bal ze klug.
Dar maant, epper der Rupprich gar,
dos wär ne Nachber Schmied sei Kar!

1 andauernd

Heinrich Jacobi

Horcht! Horcht!

Horcht! Horcht!
Se blosen Weihnachten ei!
Ofn Turm fängt's Blosen a,
se spieln e Weihnachtslied.
Mir traten zamm zen Fanster na,
mei Voter, dar spielt miet.
Su blosen se Weihnachten ei,
der Heilge Obnd is do.

Ins Herz fällt do e Sterle nei,
dos kimmt von Himmel ro.
Horcht! Horcht!
Se blosen Weihnachten ei!

Horcht! Horcht!
Se singe Weihnachten ei!
Nu fängt es Singe a.
Wie schie horcht sich's do zu!
Un wos mer net verstiehe ka,
dos waß mer aah esu.
Su singe se Weihnachten ei,
der Heilge Obnd is do.
Ins Herz fällt do e Sterle nei,
dos kimmt von Himmel ro.
Horcht! Horcht!
Se singe Weihnachten ei!

Karl Hans Pollmer

E Sterle is gesunken

E Sterle is gesunken
von schwarzen Himmelsfald,
nu zieht's in lichten Funken
tief ro zer Ardenwalt.

Un in dar Stund, wu draußen
sich Licht un Stern zerschlug,
do tat e Kind of Arden
ne erschten Otenzug.

Zwee Aagenpaar, die schaue
mit Saligkeit in Blick
dos heilge Liebeswunner
un spürn e Himmelsglück.

Hans Siegert

Es flimmern de Sterle

Es flimmern de Sterle, es glitzert der Schnee,
verschneit sei de Töler, verweht is de Höh.
Wie alle Gahr wieder von Himmel drubn ro
steigt's Bornkinnel nieder, Weihnachten is do!

Es wirbeln de Flocken, se wiegn sich in Wind,
de Kinner fruhlocken, der Rupperich kimmt.
Wie alle Gahr wieder in Heiliger Nacht
hobn Lichter un Lieder zen Kind miech gemacht.

Der Raacherma nabelt, es Christbaamel brennt,
der Barg werd labandig, de Peremett rennt.
Maria in Krippel tut's Christkinnel wiegn,
un mir is de Weihnacht in Herz neigestiegn.

Herbert Stoll

Weihnachten

Nu kimmst du wieder, Nacht voll Licht un Schimmer,
un deckst dein Sternemantel übersch Land.
Iech denk zerück: Wie heit, su kamst du immer,
als Friedensfast warscht eitel du bekannt.

Nu flamme auf die tausend, tausend Lichter,
weit übersch Schneefald blitzt der halle Schei;
un wu mer hiesieht: Fröhliche Gesichter,
der Tanneduft, dar läßt kenn Kummer rei.

De Sorg üms liebe Brut, die is verschwunden,
när Fried un Fraad gelänzt aus jeden Blick.
Ach, heilge Nacht, wenn du dei End gefunden,
loß doch enn Segensstrohl in uns zerück!

Loß Lieb un Hoffnung zieh in unnre Herzen,
un, wan e Kummer drückt, war wieder fruh!
Wenn aah verglimme deine Weihnachtskerzen –
de Lieb in uns söll brenne immerzu!

Hans Siegert

Unnere Spieldus

Su war'sch, wie unnre Eltern noch
ganz klaane Kinner warn:
Mei Grußvoter mußt Woch fer Woch
zer Arb' of Chamtz neifahrn.
Doch aah ze dar Zeit gob's, wie heit,
trotz aller Armetei,
aah schu de liebe Weihnachtszeit
mit Haamlichtuerei.
Der Sommer un dermiet de Arb',
warn wieder die vürbei,
do stappt mei Grußvoter nooch Mariebarg
un kaaft fern Christtog ei.

Dos war, wie unnre Eltern noch
ganz klaane Kinner warn:
Er hatt e Packel mietgebracht,
fer dos er lang mußt sparn.
Zen Christmorgn, endlich, packt er'sch aus.
Wie strahlt do sei Gesicht!
Es klang fei aus enn Kastel raus
su lieblich un ganz schlicht,
so zart, wie wen zer Heilign Nacht
es Christkind singe tat.
Wie hot do 'n Kinnern 's Herz gelacht,
wos gob's do när fer Fraad!

Su war'sch, wie unnre Eltern noch
ganz klaane Kinner warn ...
Wieviel is nu vergange doch?
Mir salberscht sei bei Gahrn.
Doch heit, wie grod zu gener Zeit,
es Herz dossalbe fühlt,
wenn wieder mol is Weihnachtszeit
un unnre Spieldus spielt.
Klingt's doch von Kinnel, dos dort log
besunge von Engelscharn.
Su war's schu, wie de Eltern noch
ganz klaane Kinner warn ...

Gottfried Werner

Der Schwibbugn

Ne Klippelfraa, e Schnitzerma,
zwee Bargleit ausn Haamitland,
aus Holz gesagt un bunt bemolt,
sei von enn Schwibbugn überspannt.

Un draußen über Barg un Tol,
do sei de Sterle aufgezugn.
Do spannt sich übern Arzgebirg
dar gruße, weite Himmelsbugn.

E Bugn gieht aah von mir ze dir;
in alle Herzen gieht er nei;
er spannt sich über alle Walt
ze alln, die guten Willens sei.

Erich Lorenz

De Christgeburt

In unnrer Kirch ben Altar,
e jeds guckt gern dohie,
do stieht se itze wieder,
do stieht se gruß un schie:

De Christgeburt, die hobn se
uns wieder agericht'.
Ne Stall mit senn klenn Krippel,
de Heilige Geschicht,

der halle Stern ubndrüber,
es Christkind in der Wieg,
es Heilge Paar, de Hirten,
de Weisen un es Viech;

de Butschaft aus der Bibel,
su wie se jeder kennt.
Nu fraat eich, Leit, von Herzen:
Mir stinne in Advent!

Manfred Pollmer

Wos hot der Heilche Christ gebrucht?

Wos hot der Heilche Christ gebrucht?
Enn Schal, enn worm', grußen,
Poor Handsching un Poor Lootschen o,
Poor warme Unterhusen.

Wos hot der Heilche Christ gebrucht?
E Puppel mit enn Hutte,
dos blinzt de Aachen auf un zu,
un ene lange Rutte.

Wos hot der Heilche Christ gebrucht?
Enn Baam mit Zuckerzeiche,
e Letterwaanl un e Pferd
un ene neie Geiche.

Wos hot der Heilche Christ gebrucht?
E Buch vun Struwelpeter,
e Puppenwaanl un enn Bool,
zwee schiene neie Kleeder.

Wos hot der Heilche Christ gebrucht?
Enn Bleistift, eene Fader,
enn Gummi un e leeris Heft,
enn Ranzen a aus Lader.

Wos hot der Heilche Christ gebrucht?
Zun Baun e Kastel Steene,
drno noch e Poor alte Schuh,
die worn 'n Seff ze kleene.

Wos hot der Heilche Christ gebrucht?
Dar is mir schun der rachte;
mir hot'r reene gar nischt gah,
dar Heilche Christ, dar schlachte!

Max Tandler
(Osterzgebirgische Mundart)

Grüne Kließ

Der Dav war kaaner von dar Sorte Leit, die ihre paar sauer verdienten Pfenng ins Wirtshaus geschafft hobn. Naa, wenn dar emol Appetit of e Tippel Bier hatt, do mußten abn de Kinner renne un e Krügel eham huln. När aane schwache Seit hatt der Dav: Er tat gern, gut un viel, assen. Wenn ne sei Milda e ganz gruße Fraad machen wollt, do gob's zen Mittogassen grüne Kließ, Sauerbroten un Schwammebrüh. Do hot er sich su richtig neigelegt. Acht sette Kugeln, die hot er nunnergelossen un sich gar net derbei versah.

Ze Weihnachten ober gob's drei Tog lang – von Heilign Obnd bis zen zweeten Feiertog – hinnerenanner grüne Kließ. Nu könnt'r eich ausrachne, wos dos vür ne Arbet war! Acht Kließ der Dav, viere sei Milda un von sechs Kinnern aah e jeds viere. Do wollten fei Ardäppeln geschölt un aah geriebn sei! Do gob's abn wetter nischt – de Kinner mußten tüchtig miet ra. Esu kam's, doß de Milda e gruße Schüssel voll gewaschene Ardäppeln, dernabn e Schüssel mit Wasser, wu de geschölten neikame, in der Stub gestellt hatt. De Kinner soßen derbei un mußten nu die Ardäppeln schöln.

Ober wie dos esu is, wu e Hard Kinner beisamme is, do werd aah e wing Luderei getriebn. Allemol, wenn die Luderschgunge enn Ardäppel geschölt hatten, hobn se ne in die Schüssel mit Wasser su neigepfaffert, doß de Maad ordntlich vollgepfützt wurdn. Die hobn sich dos natürlich aah net gefalln lossen, un eh mer sich versoch, tat of der Stubndiel alles schwimme. Der Dav, dar noch übern Peremettaufbaue war, hot sich dos ene Zeit miet agesahe, ober noochert war es Moß voll. Esu, wie se in der Stub soßen, aans nooch ne annern, ging's klatsch, klatsch, un e jeds hatt sei Taal wag.

90

Ruh war in der Stub. När aa Gung hot sich vermauliert. »Iech gehär doch gar net ze eich. Du hast mir gar kaane Faunz neizehaah!«, hot er gesogt. Der Dav war ober kurz agebunden, er maanet: »Mach kaa setts Gemahr! Wos kimmst de ze uns, wenn's re setzt!«

Horst Gläß

Deswagn

Grüne Kließ, net ze vergassen,
sei, an Heilign Obnd gegassen,
allemol, hobt ihr'sch gewußt?,
fei wing mehr wie Fasttogskost!
Erschtens schmeckt, dos wißt ihr aah,
uhne Kließ kaa Neinerlaa;
zweetens: Ißt mer haufen Kließ,
gieht enn noochert ganz gewieß
aah in neie Gahr in Haus
nie es gruße Gald mehr aus.
Drüm halt iech miech feste ra,
ass iech Kließ, suviel iech ka,
manichsmol, net übertriebn,
Stücker sechse, Stücker siebn,
un su blebt mir, do, saht har,
aah mei Galdbersch niemols laar …!

Manfred Pollmer

Mei Weihnachtsbarg

Iech brauch zen Heilign Obnd
nischt wetter als menn Barg.
Er füllt de ganze Stubneck aus
un läfft dra an enn Wark.

Dos Wark, dos zieh iech auf,
noort gieht mei Barg ümring.
Dos pocht un schiebt un zieht un fährt –
es dreht sich jedes Ding.

Der Holzma sagt un hackt,
der Förschter guckt ne zu.
Der Kühgung trebt de Küh ofs Fald –
nischt of menn Barg hot Ruh.

De Bargleit, die fahrn ei,
un annre, die fahrn aus.
Dort aus ne huchen Stangewald,
do komme Hirschen raus.

De Heilige Geschicht
is aah miet aufgeführt.
Mei Weihnachtsbarg, nu, dar is schie,
er läfft als wie geschmiert.

Er füllt de Stubneck aus
un is mei Stolz, mei Wark.
Iech brauch zen Heilign Weihnachtsobnd
nischt wetter als menn Barg.

Karl Hans Pollmer

Un de Peremett dreht sich ...

Un de Peremett dreht sich

E feiner Schnee is aus graae Wolken von Himmel ro gefalln. De Leit hobn de Raachermannle, de klenn Engele un Lichtle anzugehult, un de Kinner un de Grußen gukken salig nei in die Pracht un in dan Glanz. Iech hob aah mei Peremett von Buden runnergehult. Se muß noch e klaa wing ausgebessert wardn. Un iech will mir sche aah dosmol wieder genau agucken, dä se hot e langes Labn hinner sich. Erscht of grußen Ümwagn is se ze mir komme ...

Schu gahrelang hatt iech miech ümgesah, wu iech fer meiner Stub ze Weihnachten ne Peremett harkriegn könnt. Iech bie ubn in Seiffen gewasen bei de Spielzeigmacher. Ober wos iech do ze sahe krieget, dos war wuhl schie, ober fer miech ze klaa, abn ze sehr Spielzeig. Ne alte Lößnitzer Peremett kam mir aah in der Hand. Die hatt vür langer Zeit of ne alten Bürgermaaster senn Weihnachtsbarg gestanden. Als Gunge sei mir Weihnachtsbarg agucken gange, von Haus ze Haus. Do hob iech aah die Peremett mit dan weißen Engelsgestalten als Sailn mit grußen Aagn bewunnert. War dos fer miech als klenn Gung ene gruße Herrlichkaat! Es ganze Gahr über mußt iech immer an die Bürgermaasterperemett denken. Nu war se mir wieder begegnt, alt, wacklig un zerbrochen. Iech wollt menn Kinnertraam retten, ober es war nischt mehr mit dare Peremett azefange, wenn se aah emol herrliche Zeiten derlabt hatt ...

Wuhar söllt iech ober ne Peremett nooch menn Geschmack kriegn? Iech trug miech schu mit dan Gedanken, salberscht mit Basteln un Baue azefange. Mei Freind hatt sich vür Gahrne ne racht schiene Peremett gebaut. Die mußt ganz wie unnere Haamit sei, die mei Freind, wie iech, tief in senn Herzen drinne trug. Bargmanner taten die Stockwark trogn, un über dan Taller mit der Christgeburt, do mußten sich Bargmanner, Hirten un Schof, de drei Heilign Könign net ze vergassen, drehe. Un weil mei Freind e Mensch war, in dan alle gruße Fraad innewennig ze enn Lied wur, hot er aah aans von seiner Peremett gemacht. Do klingt's an End von jeden Varsch gelücklich auf: »Un de Peremett dreht sich, dreht sich in Glanz, gelückliche Aagn gucken nei. Von der Haamit e Bild un der Heiligen Nacht, ganz still wie in Traam zieht's vürbei.«

Iech wollt gerod mit menn Peremettenbau afange, do is mir aane geschenkt wurdn, wie iech se mir schönner net denken ka. Mei Grußvoter hot se in vüring Gahrhunnert gebaut. Se hot sich in seiner Stub lange Zeit gedreht un hot's dort Weihnachten wardn lossen. Vür e fuffzig Gahrne is se dann ze menn Onkel übergange un hot bei dan Weihnachten miet gefeiert. Er is ober aah dodrüber alt wurdn. Wos söllt nu mit dare alten, lieben Peremett wardn? Net e aanzigs Utaadele war an rer dra. Se läfft aah noch heit lecht un locker wie sist emol – schu mit zwee Lichtlen.

Als mei Onkel of dan Gedanken kam, mir die Familienperemett ze überlossen, do is mei Fraad gruß gewasen. De Eisenbah bracht ne gruße Kist, do stand laserlich drauf: »Inhalt Pyramide! Nicht stürzen!« Naa, naa, iech wollt se net rüm- un nümwarfen! Iech hob se vürsichtiger wie Geloszeig nei in meiner Stub getrogn. Ober halt! Do war noch e Brief von menn Onkel komme, iech söllt net när die Peremett bewunnern, schrieb er mir, aah mol miet die Verpacking, die alte braune Kist. Iech hob mir sche ageguckt un hob derfahrn müssen, doß die üm 1870 in Olbernhau, in menn Wuhnort, gebaut un doß se mit ner Olbernhauer Strickmaschin ze menn Grußvoter nooch Gahsbich[1] in Arzgebirg geschickt wurdn war. Dar hot die Strickmaschin in seiner Stub aufgebaut un in de Kist sei Peremett neigeta, wenn se in Sommer über ihr Ruh hatt.

Nooch suviel Gahrne war nu die braune Kist wieder dorthie komme, wu se zammgenalt wurdn war. Die Leit labn längst net mehr, die se gebaut hobn. Iech mußt mol sachte mit meiner Hand über dos braune Holz hiefahrn, mußt se adachtig straacheln un an die flessign Arbter von dozemol denken. Bei mir söllt die Kist aah kenn Schoden derleiden – ober aah de Peremett net. Die söllt sich hoffentlich lange Gahr immer ze Weihnachten drehe, un ihre Flügeln mögn an der Deck Licht un Schatten spieln. Bei mir söllt die Peremett aah von der Christgeburtsfraad derzöhln, von Könign un Hirten, die zen Abaten anzukomme; ober aah Bargleit in Galatracht, Wald- un Schwammegieher derfen net fahln. Un ganz ubn in öberschten Stockwark musiziern Engel. Weihnachtsmusik is dos, die net laut durch de Gassen schreit, ober tief ins Herz neidringt un von Licht in kalter Winterschnacht, von neier Hoffning of friedliche Zeiten singt.

Mei Freind hatt of die Weihnachtsmusik gelauscht, als er su schie sang:
> Von der Haamit e Bild
> un der Heiligen Nacht.
> Ganz still wie in Traam
> zieht's vürbei.

1 Jahnsbach (Kr. Zschopau)

Paul Roder

De Peremett

Der Mutter ihre größte Fraad,
dos is e Stückel Haamitwald.
Mit Schwammekörb un Schwarzbeerkrüg
zieht hamwärts gung un alt.
Un do, an hallerlichten Tog,
schleicht's Hasel dan klenn Gungel nooch:
Un de Peremett dreht sich, dreht sich im Glanz,
gelückliche Aagn gucken nei ...
Von der Haamit e Bild un der Heiligen Nacht,
ganz still wie in Traam zieht's vürbei ...

De Kinner gucken wetter nauf,
do is's wie richtger Schnee in Land.
Der Singgung fercht' sich net dervür
un aah der Musikant.
Dar do blöst sich de Backen rut
mit senn grußmachtign Pumperdud.
Un de Peremett dreht sich, dreht sich im Glanz,
gelückliche Aagn gucken nei ...
Von der Haamit e Bild un der Heiligen Nacht,
ganz still wie in Traam zieht's vürbei ...

Erich Lang

Mei Peremett

Iech sitz vür meiner Peremett,
traam sachte vür miech hie.
De Lichter flackern hie un har,
se blebt net aamol stieh.

Iech frei miech drüber wie e Kind,
se is mir su vertraut:
Die hot vür langer, langer Zeit
der Grünerts Schmied gebaut.

Un meine Eltern hobn se mir
ze Weihnachten geschenkt.
Wie gern mer doch in stiller Stund
noch an die Zeiten denkt!

Der alte Schmied ging längst zer Ruh,
un meine Eltern aah ...
Iech sitz vür meiner Peremett
versonne ganz allaa.

Gertrud Drechsler-Groß

Mei gruße Peremett

E jedes Gahr, su zen Advent,
wenn alles in de Läden rennt,
do sitz iech do in guter Ruh
un hob fer mir derham ze tu:
Pack Mannle aus fer'sch Fansterbratt
un fer mei gruße Peremett.

Vier Stockwark huch, dos is e Staat!
Ne gruße Gogd, ne Bargparad
stieht aufgebaut in Wog un Lut;
iech trat dernabn un hob mei Nut.
Es is aah heier wie geredt:
Mei gruße Peremett läfft net!

Nu hob iech mir schu Pflöck geschnitzt,
de Tischbaa dermiet ogestützt;
de Flügeln hob iech ausgericht'
un fuchzn Mannle ümgeschlicht.
Wenn iech när bal dan Fahler hätt:
Mei gruße Peremett läfft net!

De Taller hob iech grodgebugn
un aah paar Schraible agezugn,
bei jeder Kerz ne Docht gestutzt,
de Lichtertülln aah ausgeputzt,
es Achsenloger eigefett':
Mei gruße Peremett läfft net!

Do trat iech do un guck gedeescht,
de Fraa hot schu dreineigeneescht;
iech möcht an liebsten nischt meh sogn
un könnt geleich de Hack auftrogn.
Vür Bosset gäng iech stracks ze Bett:
Mei gruße Peremett läfft net!

Wos zöhlt's do, aus der Haut ze fahrn?
Es Beste blebt, de Ruh bewahrn.
Do hilft e klaaner Gang durchn Haus;
wenn's schneit, guckst de zen Fanster naus,
de simbelierscht – es werd schu spöt –,
wudra es wuhl noch hänge tät.

Un drübernei, dos is e Ding –
de härscht e schüchpern' Klingeling!
Do hot doch abn, 's is kaum ze sogn,
es Flügelglöckel ageschlogn!
De Bargparad, die faßt grod Schriet,
un Hos un Gager laafen miet!

De Mannle sei när bluß aus Holz,
die hobn fei ober aah ihrn Stolz.
Der Pauker haat ofs Kalbfall drauf,
der Pfeifer blöst de Backen auf.
Se laafen ihre Runden gern,
iech dächt, iech könnt se spielen härn.

Saht när ne Gager, ei, die Lust!
Er hält de Flint schu an der Brust.
Mer guckt gern hie, wie laut dar fetzt
un Hirsch un Reh un Hos noochsetzt ...
Iech trat dernabn un bie gerett'!
War sogt, mei Peremett gäng net?

Edmut Kluge

Parmetten-Liedel

Ben Schnitzer-Lob zor Weihnachtszeit,
do find't sich olles ei,
de Kinner komm von nah un weit,
dräng sich ins Stübel nei.

Dan Lob seine Parmette is
ne klänne Walt for sich.
Dr liebe Gott, dos is gewiß,
dar brächt se schänner nich.

's is olles do, 's fahlt an nischt,
ob Mensch, ob Tier, ob Baam.
Su fein hot Lob se hargericht',
mer möcht's bal gar ni glaabn.

An jeder Ecke sisst de enn
grußmachtgen Lichtermann.
Un Iseltlichter, wenn se brenn,
treibn die Parmette an.

Aus Holz geschnitzt, bunt angemolt,
dreht sich olls rundümedüm.
E Flügel is bill angekohlt,
dos is ni wetter schlimm.

Ganz ung hot Lob enn grußen Barg
aus Stäneln offgebaut.
Un strenge wacht e klänner Zwarg,
doß'ch niemand noffgetraut.

Glei nabn dan Barg, nä su ewos,
do liegt, satt an, e Teich.
Dar is aus enn Stück Spiegelglos.
Zerbracht'n nor ni gleich!

E Farschter mit enn ruten Bart
zielt hingern dicken Baam.
Un macht'ch der Hose ni glei fort,
ward's Hosenbroten gabn.

Ni weit dervon stitt, blau un rut,
e stolzer Rächermann.
Daar schert'ch enn Drack üms Racherverbut
un zind't sich's Pfeifel an.

E Stockwark hächer horcht verstuhln
Karl Stülpner aus enn Busch:
»Do soll mich doch der Teifel huln,
waar bläst mir denn enn Tusch?«

Mr söllt's a ni for möglich halln:
De Bargkapelle läßt
gerode hier enn Marsch erschalln
un trommelt, pfeift un bläst.

Paar Knappen machen häm von Schicht,
die fra'n sich mende abn,
ob's denn dos Neinerlä-Gericht
arnt heite obnd ward gabn.

E Weibel, dos tut Holz hämtra'n,
vorm Haisel hackt's ihr Mann.
Vom Karchtorm wards glei zwölfe schla'n,
de Uhr zeigts grode an.

Drei Manner ausm Morgenland
hobn sich abn eigefugn.
Die hobn Marian glei erkannt,
ihrn Mann un dan klänn Jung.

E Haardel Schofe tritt derbei,
die sahn geduldig zu.
Un hingern Stoll, do frassen Hei
dr Esel un de Kuh.

Im nächsten Stackwark hot's geschneit.
's is kalt, doch schneits ni schlimm,
denn's laafen ju die ganze Zeit
drei Engeln holbnacksch rüm.

Un hinger dan sappt sichelkrumm
e alter Battelmann.
Dar is wuhl arm, jedoch ni dumm,
dar hot zewingst wos an.

E Dutzend Kinner, Mädeln, Jung
(wie dos ze foden gitt!),
fahrn Schlitten mit Begeisterung.
Mer führ glei salwer mit!

E Harsch, e Glöckel an senn Hols,
dar zitt enn Schlitten an.
Dodrauf hockt eigemummt un stolz
dr liebe Weihnachtsmann.

Ganz ubn of dar Parmette blinkt
e Starn ganz hall un weit.
E klänner Kinnerchor, dar singt:
»O schiene Weihnachtszeit!«

Herbert Köhler
(Vorerzgebirgische Mundart)

Mei Weihnachtsstübel

Mei Weihnachtsstübel is net gruß, un doch stackt's voller Herrlichkeiten, die enn gedes Gahr wieder es Herz höcher schlogn lossen. Do is dos Weihnachtsgärtel, dos is esu alt, wie iech. Mei Voter hot's in darer Adventszeit zammgezimmert, wu iech zer Walt komme bie. Un wie iech gruß war, ho iech mei alts Gärtel immer noch huchgehalten un geds Gahr nooch menn Sinn wieder aufgebaut.

Mei Weihnachtsgärtel hot nu zwee Gesichter, un in geder Weihnacht kriegt dos Gärtel e annersch Gesicht. Dos haaßt, dos aane Gahr is Sommer, un dos annere Gahr is Winter in menn Gärtel. Wos ober immer wieder dosselbe is, dos is, wos drinne stieht: E arzgebirgisch Dörfel net epper fei rückständig un altmodisch, sondern wie's heit neipaßt in de Walt.

Is Sommer, do is in menn Gärtel alles neigebett' in Moos, wos iech hinten von Hirschenstaa, menn Schwammerevier, hul. Un wenn in annern Gahr dos Dörfel in Winterpracht erglänzt, do stinne de Haisle of weißen Tuch, un de Dächer sei mit Zucker bestreit un glitzern wie eitel Silber. Mitten drinne in Gärtel is e großer, freier Platz; von dan aus ginne paar Wag nooch allen Seiten. Üm dan Platz rüm stieht e Hardel Haiser, de Schul, de Kerch, e Wertshaus un e haufen Wuhnhaiser. An enn Wag sieht mer ne Förschterei un an enn annern ne Schaferei. E Spritzenhaisel mit'n Steigerturm darf natürlich net fahln!

Un Volk wimmelt in dan Gärtel rüm! Wie ho iech doch die klenn Figürle ubn ausn Spielzeigland ins Herz geschlossen! Von der Kerch raus kimmt e Hochzeitszug gezugn. Vornewag paar Musikanten, noochert der Paster, dos Brautpaar, e paar Brautgumfern mit ihre Kerln, de Brauteltern un zeletzt de Hebamme mit'n Wickelkind ofn Arm. Die hamm, wie's scheint, geleich alles in enn Aufwasch gemacht! Sperrguschen stinne, wie überoll, aah do genung rümhar. An Steigerturm tut de Feierwehr rümklattern. Aah die hot sich modernisiert. Dos sieht mer an dar neie Motorsprizt, mit dar se rümharkutschiert. E Fuhrma kimmt mit enn Wogn Langholz ausn Wald. Derzwischen quetscht sich e huchbaaniger Autobus durch. Of ener Stroß is e Regnschermma derbei, paar Weibsen enn Regnscherm aufzedrehe, un de Postkutsch bringt schu Weihnachtspackle. In der Eck ruscheln e paar Kinner e Bargel runner, un e Schneeschuhfahrer probiert seine Künst.

Durch dan Schneeschuhfahrer is erscht richtigs Labn in menn Weihnachtsgärtel wurdn! Mei Katz guckt geden Tog mol nei in dos Gewimmel, hebt derbei ihr Pfötel un haat dan Schneeschuhfahrer ne Faunz nei, doß's ne nüber in de annere Gartneck feiert! Waß der Kuckuck, wos dar Ma dar Katz geta hot! Es is när gut, doß dos Mannel su stabil gebaut is, sist hätt's die handgreiflinge Liebkosunge net überstanden. Ganz hinten in Gärtel gelitzern e paar Bargstufen, un e paar Barglait, sugar der Barggeist mit schneeweißen Bart, derfen net fahln.

Un nu de Peremett! Alles in menn Weihnachtsstübel muß Haamitluft otme, do gieh iech net dervu wag. Aah do hot mei Voter e klaans Kunstwark zammgebastelt, e richtigs bargmännischs Göpelhaus, wie se früher unnere Bargbaulandschaft geziert hamm, mit Schindeln gedeckt. Un drinne in dan Barghaisel, do marschiert uverdrossen mei klaane Bargparad. Geds handgeschnitzt, geds e klaans Kunstwark. Wos fer Labn hot dar Schnitzer in die Figurn neigelegt! Vorne dra e gunger Steiger – alt wardn se allaa – mit weißen Spitzenkrogn, dernoochert Bargknappen mit weißen Husen, Kniebügeln un Schnallenschuhn, noochert paar stramme Bargschmied mit Laderschürzen, Fäusteln un Hämmern un zeletzt in weiße Gacken un blaae Schürzen e paar Blaufarbnmüller mit Gießlöffel un Schürhoken of de Schultern. Geds Mannel hot e annersch Gesicht un annere Haltung, manicher fruhgemut, un annere wieder müd un schu weit bargfertig. Un bei manichn is's, als müßten se mir of der Stroß begegne, su labnswahr hot se der Schnitzer aus schlichten Lindenholz rausgeschält. Unermüdlich dreht sich der Taller mit der Belegschaft, un wenn iech su hieguck, do denk iech oft derbei: »Su wandern mir halt durchs Labn, die enn fruhgemut, un annere müd un fartig zer letzten Raas …«

E Fichtel ausn Haamitwald, dos muß aah sei, net ze gruß un nischt wie silberne Föden dra. Der Christbaamfuß is aus enn Birkenstämmel von Gleesbarg geschnitzt. Dra klabt e Gogdstand mit enn Gager drauf, un unten an Baam stieht e Meter Holz aufgemacht. Un allemol, wenn iech dos Baamel aputz, guck iech of dos Haifel Holz un denk derbei: »Wardn mer aah dies Gahr genung Holz zen Feiern ham?« Ofn Bordbraatel funkeln e Bargma, Bargschmied un Blaufarbnbursch mit ihrn Lichtern, un an geds Stückel knüpfen sich liebe Erinnerunge. Von der Deck ro schaut freindlich der Weihnachtsengel mit seiner Butschaft zer Weihnacht: »Ehre sei Gott in der Höhe! Friede auf Erden!« Doß natürlich aah der Raacherma mit senn Raachschwoden fer de richtige Luft in menn Weihnachtsstübel sorgt, dos könnt ihr eich doch denken!

In mittendrinne in darer Weihnachtsherrlichkeit, in all dan Lichtergefunkel, do stieht wuchtig un braat der alte Zinnleichter von Urgrußvoter mit'n Heiligobndlicht. Wos wär e arzgebirgisch Weihnachtsstübel uhne Heiligobndlicht! Wenn iech nu su obndst in der Weihnachtszeit in menn Weihnachtsstübel sitz, de Lichtle üm miech flimmern, do is mer'sch su ruhig un friedlich, denn alles, wos üm miech rüm is, is Haamit, dar mei ganzes Herz gehört, un iech bie gelücklich wie e Kind, wos ze Weihnachten beschert kriegt!

Arthur Günther

Ganz sachte kimmt de Winternacht

Ganz sachte kimmt de Winternacht
von drubn, dan Bargen rei.
De erschten Stern sei agemacht,
nu werd's ball finster sei.
Un ümedüm of Wies un Baam
do liegt daar weiße Weihnachtstraam
un brengt uns wieder Weihnachtsfrahd:
kumm Ma, kumm Gung, kumm klaane Mad,
mer fahrn zer Mutter heit ehamm,
zer Mutter heit ehamm.

De Mutter, die werd glücklich sei,
se is doch sist allaa.
Mir stürme bei dr Stubntür nei!
Möcht ihre Aagn dann saah!
Ringsümedüm is Weihnachtspracht,
un in uns klingt e Lied, dos macht,
wall alles stackt voll Weihnachtsfrahd!
Kumm Ma, kumm Gung, kumm klaane Mad,
mer fahrn zer Mutter nu ehamm,
zer Mutter nu ehamm!

Manfred Blechschmidt

Der Nußknacker

War stieht do unnern Tannebaam
un macht e bies' Gesicht?
Ihr Kinner, hobt när kaane Angst –
dar Ma, dar tut eich nischt!

E hot ne bunte Uneform
un schwarze Stiefeln a,
un an der Seit, do hängt sugar
e langer Sabel dra.

Un in senn grußen Maul die Zäh,
die könnt'r deitlich sah.
Er knackt eich domiet jede Nuß,
un wär se hart wie Staa.

Er beißt die grußen Nüß entzwaa,
als wär gar nischt derbei,
drüm halt fei bluß net aus Versah
emol de Finger nei!

Sei Haamit is es Arzgebirg,
dos waß e jedes Kind,
un wenn de enn derwischen kast,
do namm ne fei geschwind.

Sugar in manichn annern Land
derfreit dar Ma de Leit.
Er is e Stückel Arzgebirg –
e Gruß zer Weihnachtszeit.

Harri Müller

Nu is's suweit

Saht naus, wie's draußen weht un streicht,
wie's graipelt un wie's schneit!
Nu is's suweit: In Arzgebirg
is wieder Weihnachtszeit!

Ihr Gunge, steigt ne Buden na
un hult de Spieldus ro –
heit putzen mer es Baamel a,
nu is Weihnachten do!

Ihr Maadle, trogt de Butterstolln
von niedern Stöbel rauf;
üm fünfe, wenn der Voter kimmt,
schneid' mer ne erschten auf!

Vergaßt es Raachermannel net
un stellt e Kerzel nei,
dä uhne Weihrichkerzelduft
ka's net Weihnachten sei!

Macht sachte mit der Peremett,
brengt se net ausn Lut;
läfft's Luder heier wieder net,
noort hack mer sche kaputt!

In Kließtopp of der Ufenplatt
brudelt schu alles ei.
Mol sah, war heit de mehrschten schafft –
haat när mol ordntlich nei!

E Gansel brakelt in der Pfann,
e Gansel, zah Pfund schwar,
un is es Neinerlaa vürbei,
is aah es Pfannel laar!

Nooch'n Assen kimmt der Rupperich,
ihr Kinner, dos werd schie!
Un wenn er nischt in Sackel hot,
do ka er wieder gieh!

Wenn über unnern Arzgebirg
der Weihnachtsstern aufgieht,
's Bornkinnel ze uns hutzen kimmt,
noort sing' mer's schönnste Lied!

Herbert Stoll

Wenn's när gäng

Ach, wie is Weihnachten schie!
Wenn's när länger gäng!
Brächt iech's fertig, wüßt iech, wie,
zög iech's in der Läng,

ließ iech's weit ins neie Gahr
nei Weihnachten sei,
gäng die Zeit, iech machet's wahr,
lang noch net vürbei ...

Ach, wie is Weihnachten schie!
Gieht's aah bal ze End –
loßt zewingst aa Lichtel stieh,
dos in Herzen brennt!

Manfred Pollmer

Wenn's Weihnachten ist

Wenn's Weihnachten ist, wenn's Weihnachten ist,
da kommt zu uns der Heilige Christ,
da bringt er eine Muh, da bringt er eine Mäh
un eine schöne Tschingterätetä.
Weihnacht, Weihnacht, Weihnacht ist ein schönes Fest, eija!
Weihnacht, Weihnacht, Weihnacht ist ein schönes Fest!

Wenn's Zuckerstangen friert, wenn's Zuckerstangen friert,
da kommt er lustig anspaziert;
da bringt er eine Hü, da bringt er eine Hott
un einen Gruß vom lieben Gott.
Weihnacht, Weihnacht, Weihnacht ist ein schönes Fest, eija!
Weihnacht, Weihnacht, Weihnacht ist ein schönes Fest!

Und hinter ihm, eija, und hinter ihm, eija,
Geleucht und Kling-Klang-Gloria,
mit Lichtern in der Hand, mit Lichtern in der Hand,
der alte fromme Bergmannsstand.
Weihnacht, Weihnacht, Weihnacht ist ein schönes Fest, eija!
Weihnacht, Weihnacht, Weihnacht ist ein schönes Fest!

Die Pfefferkuchenfrau, die Pfefferkuchenfrau
mit ihrem Mann aus Olbernhau;
er knackt ihr eine Nuß, er knackt ihr einen Kern
un hat sie, ach, zum Fressen gern.
Weihnacht, Weihnacht, Weihnacht ist ein schönes Fest, eija!
Weihnacht, Weihnacht, Weihnacht ist ein schönes Fest!

Und Engel hinterdrein, und Engel hinterdrein
mit Glitzerglanz und Kerzenschein,
die singen »Valeri«, die singen »Valera,
der liebe Heilge Christ ist da!«
Weihnacht, Weihnacht, Weihnacht ist ein schönes Fest, eija!
Weihnacht, Weihnacht, Weihnacht ist ein schönes Fest!

Kurt Arnold Findeisen

Vür Weihnachten

Nu freit eich, ihr Kinner, schu fängt's a ze schnei!
Der Voter legt Waldmoos ins Fansterbratt nei.
Do könnt ihr ne Bargma un'n Engel nei tu,
Maria un Josef un's Krippel derzu.

Un brengt eire Mutter de Stolln erscht getra,
do is aah Weihnachten ganz schmahlig fix ra.
Un gieht fei net gucken zer Öberstubntür,
do richt' der Grußvoter de Peremett vür.

Mit Gloszeig un Flimmer werd's Baamel geputzt,
de Mutter hot jede Minut ausgenutzt,
doß alles in Ordnung, wenn Heiligobnd do,
sist hätt se kaa Freid net, sist hätt se kaa Ruh.

Un wenn dann von Kirchturm de Glocken schie klinge,
de Kinner Weihnachtslieder singe,
es Bornkinnel tritt zer Stubntür rei,
noochert zieht im Gebirg 's liebe Weihnachtsfast ei.

Horst Gläß

Der Bargma

1. Durch de Gassen weiß-beschneit
laaf iech gern zer Weihnachtszeit,
bleib an manichn Fanster stieh.
Ach, wie sieht's do schie!
Über oll, aus jeden Haus,
guckt be Tog der Bargma raus,
un dar denkt an Lichterpracht
in stiller, heilger Nacht.

Immer stieht er an senn Ort,
is ganz ruhig, sogt kaa Wort.
Mit de Lichter in der Hand
lecht' er naus ins Land,
lecht' in alle Herzen nei,
wu noch Schatten drinne sei,
un erfreit mit Lichterpracht
in stiller, heilger Nacht.

Wenn iech in menn Stübel bie,
guck iech ze menn Bargma hie,
un iech waß: Nooch jeder Plog
kimmt e Feiertog.
Wart när, 's kimmt de Zeit bal ra,
noochert stieht dar Lichterma
wieder in der Lichterpracht
in stiller, heilger Nacht.

Erich Lang

E Bargma

Wenn iech ze Weihnachten wieder
obndst durch unnre Stroßen gieh,
mach iech drubn in öbern Stadtel
ze dan alten Haisel hie;

bleib iech noochert vür ne traten,
guck zen niedern Fanster nei,
dä iech sah enn Bargma drinne,
wie er ka net schönner sei.

Wos is dodergegn schu meiner?
Unner darer grußen Zohl,
die iech hob in Labn gesahe,
gob's enn setten net nochmol.

Alt is er; iech glaab, do lange
kaane hunnertfufzig Gahr.
Aus dar Zeit bei uns, do stammt er,
wu der Barg noch fündig war.

War ne hot geschnitzt, waß kaaner.
Die ne hobn, die saten när,
doß dar Schnitzer noch als Steiger
of der Zach gegange wär.

Ob dar Bargma do in Fanster
epper gar sei Abnbild is,
wie er leibet, wie er labet,
von ne Kopp bis ze de Füß?

Gruß un schie, zwee halle Lichter
in senn Händen, stieht er do,
in senn Barghabit, senn stolzen.
War ne sieht, dar nimmt's ne o,

wos er sogn will: »Leit, seid fröhlich!
Weit de Herzen aufgemacht,

dä der Bargfürst is erschiene!
Kommt, mir feiern Bargweihnacht!«

Manfred Pollmer

Lauter klaane Lichter

Lauter klaane Lichter
sei nu agebrannt,
un se lechten un se flimmern,
doß se hall un goldig schimmern,
un es glänzt es ganze Land.

Lauter klaane Lichter
machen uns su fruh.

Von Weihnachten tu se singe,
Glück un Frieden tu se bringe,
un es Herz, dos fraat sich su.

Lauter klaane Lichter –
blebt fei agebrannt!
Is Weihnachten aah vergange,
blebt de Walt doch lichtbehange,
un es glänzt es ganze Land!

Karl Hans Pollmer

Ei ja, Weihnacht is do

Bargmannel, Bargmannel, guck mol zen Fanster raus,
wie's wieder schneit!
Bargmannel, Bargmannel, steig aus dein Kistel raus,
's is nu suweit!
Heit, do bau mer'sch Bargel auf,
stelln es Mannelzeig schie drauf:
»Ei ja, Weihnacht, Weihnacht is do!«

Bargmannel, Bargmannel, itze wolln mir nabn dir na
ne Engel aufstelln.
Bargmannel, Bargmannel, un aah der Raacherma
derf fei net fahln.
Wenn nooch Weihraachschwoden ziehe
un hall eire Kerzen glühe,
singe mer: »Weihnacht, Weihnacht is do!«

Bargmannel, Bargmannel, grod kam der Voter aah
ham von der Schicht.
Bargmannel, Bargmannel, nu ass' mer'sch Neinerlaa
in heilign Licht.
Wenn de Peremett nooch gieht,
singe mir dos schiene Lied:
»Ei ja, Weihnacht, Weihnacht is do!«

Marianne Hütel

's Ührl, 's Radel un e traurigs End

Der gruße Gung von Hannelobgust, der Emil, sollt Geloser wardn. Wie se gerod dodrauf komme sei, waß iech net. Wu de Lieb hiefällt, do fällt se hie. Aamol gieht der klaane Geloser durch de Stroßen von Chamtz, do sieht in enn Schaufanster e Wandührl, un dos kostet fünfeachtzig Pfenng! Fünfeachtzig Pfenng! E richtige Wanduhr mit enn klenn Gewichtel wie e Tazapp, mit Keetle un enn Schleiderle un Weiserle – un dos alles fer fünfeachtzig Pfenng! Ka mer sich wunnern, doß unnern Emil dos Ührl in Kopp ümering gieht wie enn Tanzstundenmadel der Auslernball? Un es konnt gar net annersch sei: Wie mei Emil aamol soot Pfenng beisamm hatt, do is der gruße Wurf gelunge – dos Ührl wur sei! Er wollt's senn Voter zen Heilign Christ gabn.

Un richtig – wie der Heilige Obnd rakam, do fand der Hannelobgust nabn senn Packel Tobak un senn neie Husenbännern e klaanes Schwarzwälderührl. Der Gust hatt aah gruße Fraad überschl Ührl, aah darethalbn miet, weil's esu billig war. Noch dan salling Obnd hot er die Uhr aufgehängt, hot se gestellt un aufgezugn un hot der Schleider enn klenn Stuß gabn. Oder 's dauret net lang, do stand se wieder. Nooch un nooch hot er'sch rausgefunden: Die Uhr mußt ganz schieket hänge, wenn se gieh söllt. Der Gung tröstet senn Voter: »Voter«, sat er, »die Uhr muß sich erscht eirichten. Die kimmt sich halt itze noch e wing fremd vür. Wenn se erscht e paar Tog dohängt, noochert werd se ne Kopp schu in der Höh namme!«

Der Voter trauet net racht. Un er hot racht behalten. Dos hot nu ne Gust de Fraad an dar Uhr e fei wing verdorbn. 's kam oder noch ewos annersch derzu. War zer Tür reitrot, dar sooch aah die schiekete Uhr. »August, die Uhr hängt schieket!«, hot's gehaaßen. Un ehr noch der August sogn konnt: »Halt eh ...«, do wur schu naufgelangt un de Uhr gerod gerückt – un's Ugelück war geschah. Fei lang hot's dernooch allemol gedauert, ehr der August es rachte Flackel wieder hatt un die Uhr wieder arbeten tat. Dos konnt of der Dauer net esu fortgieh!

Nu war in Dorf aaner, se nannten ne när ne Rußdokter, dar konnt alles: Gäns schlachten, Rachen schnitzen, Kälber zer Walt schaffen, Stiefeln besuhln un aah Uhrn vürrichten. Der Rußdokter war der richtige Ma; dar konnt dar verdrehten Uhr die schiekete Asicht austreibn! Zen Rußdokter also schafft mei Emil sei ugelücklichs Schwarzwälderührl. Dar besieht sich dos Dingel von hinten un vorne, macht's Türl auf un blöst aamol nei. Dä dodermiet fängt jeder Uhrmacher sei Behannling a: Aamol neiblosen, un dos kost' fuffze Neigrosch. Der Rußdokter blöst also aah, noochert macht er'sch Türl zu, hängt die Uhr na an der Wand, hängt se gerod, hängt se schieket, blöst noch emol nei, gibt der Schleider enn Stuß nooch'n annern, noochert sogt er: »Die Uhr hot enn Geburtsfahler. Die muß iech von Grund aus behanneln!«

Un nu nimmt er dos Ührl ausenanner, aa Radel nooch'n annern, de Weiserle, de Schleider un de Keetle. 's sooch sich fei ordntlich schie a. Oder wos nu e manichsmol

115

vürkimmt: Wie mei Emil die schönn Radle esu liegn sieht, do kimmt ne of aamol e ganz niederträchtiger Gedank. Er denkt dra, doß derham in Voter senn Warkzeigkasten noch e paar sette Radle liegn, die von enn alten ausgedienten Wecker ostamme – un wos macht dar huhtuede Gung? Er gieht eham, hult e setts Radel, un uhne doß der Rußdokter ewos weiskriegt, mischelt er dos Radel unner die annern dreinei. Dernoochert schleicht er sich fort wie de Katz von Taubnschlog.

Mei Rußdokter blöst jeds Radel ordntlich aus, un nu fängt er a, die Uhr wieder schie zammzesetzen. Alles gieht gut; wie er oder denkt, er is fertig, liegt noch e Radel do! Inu suwos, denkt er, ho iech doch aans vergassen! Er findt aah kaa Platzel fer dos Radel. »Müss' mer halt 's Ührle noch emol ausenanner namme!«, maant der Rußdokter. Wieder legt er aa Stückel nabn ne annern, wieder setzt er zamm – oder wie's Ührl fertig war, log 's Radel halt immer noch do. »Wenn iech dos wußt«, sogt er, »doß du wieder überlaa bist, hätt iech dich zeerscht genomme!« Er nimmt also die Uhr wieder ausenanner un setzt se zen drittenmol zamm. Dos sakermänsche Radel nimmt er oder geleich zeerscht dra. Er brengt's aah unner, esu gut's gieht. Wieder hot er alle Radle ordntlich agebracht, – när fer aans findt er kaa Platzel!

Nu muß mer net denken, doß dos Ausenannernamme, Neiblosen un Zammsetzen esu fix gäng als wie iech do derzöhl! Ei Gott bewahre! Dos will alles langsam un bedachtig gemacht sei. Un wos e richtiger Uhrmacher is, dar nimmt sich zweemol Zeit un läßt se sich dreimol bezohln. Wie also mei Rußdokter 's Ührl zen drittenmol zammgesetzt hatt, war der halbe Noochmittig vürbei. Nooch'n halbn Obnd brennt er sich e Pfeif a un macht sich wieder über die Ugelücksuhr har. Mit Damp gieht de Arbet lus. Er nimmt jeds bissel aanzeln in de Hand un setzt dernooch alles wieder schie zamm; de Uhr is fix un fertig, se hängt an der Wand, se kriegt ihrn Stuß, se gieht aah, wenn se aah fei wing schieket hängt – un doch is's nischt Rachts, dä 's fahlt irgndwu e Radel!

»Tu dich doch mit dare alten Uhr net esu omattern«, sogt de Clementine, wos ne Rußdokter sei Fraa is, »se gieht doch!« »Dos verstiehst du net«, sogt der Rußdokter, »dos is Ehrnsach! Denkst du dä, iech ka zen Hannelobgust hietraten un ka sogn: Do is dei Uhr wieder, iech ho se ausenannergenomme un breng se nimmer zamm? Nein, Bruderherz, dos gibt's net!« Un nu hot er die Uhr wieder harkriegt un hot se zerlegt un hot se wieder zammgesetzt, un alles hot die Uhr uhne Schoden überstanden, oder 's Radel blieb übrig. De Clementine merket schu, doß die Arbet e wing fixer ging als wie zen Afang un doß die Raachbüscheln, die ihr Ma aus der Pfeif rauszug, immer grösser un grösser wurdn. »Nu mach iech's noch emol«, sat der Rußdokter. Dos klang oder schu e fei bissel nooch Blitz un Donner un Eischlogn, nooch Graupel-, Schlussen- un Hagelwatter, un war ne Rußdokter gekennt hot, dar konnt aus dan Wort de ganzen himmlischen Niederschläg rausspürn.

»Zen allerletzten Mol mach iech die Sach!«, sat er noch emol. Noochert ging's lus. 's Zammsetzen oder machet er itze ümgedreht: Wos er zevur zeletzt genomme hatt, dos kam itze zeerscht dra, un es ging aah esu; jeds Radel griff ins annere, jeder Zappen stock in senn richtign Löchel – oder wie er dacht, 's wär alles in schönnster Ordnung, do log noch e Radel do un hot menn Rußdokter richtig agegrinst! »Nu hob iech die Uhrmacherei soot!«, schrie er. Un, die Uhr apacken un na an de Wand haane, war Blitz un Schlog! 's Kastel hot's ausenannergewichst, un die Radle sei of der Seit gespritzt, als wenn's e Granat zerrissen hätt!

»Su«, sat er, »nu war iech wuhl mei Ruh hobn!« In dan Aagnblick kimmt mei Emil rei. »Nu«, maanet dar scheiheilige Gung, »wie weit bist de dä mit menn Ührl? Hängt se gerod?« Der Rußdokter hot erscht e paar große Raachbüscheln rausgeblosen, noochert sat er: »Hänge tut se noch net, se liegt noch, un wenn de Zeit hast, kast se zammklaubn.« Un derbei weiset er mit der Pfeif rümhar. »Wie is dä dos gepassiert?«, fröget der Emil. »An der Wand ho iech se gehaant, un dos sog iech dir: Wenn de wieder emol e sette nischtnützete Uhr vürrichten lossen willst, do schaff se dorthie, wu's de se kaaft hast ...!«

Der Emil wollt nu fern Aagnblick in der Höh gieh, wie sich dos fer enn Geloserlehrgung gehärt, oder do dacht er an dos neigeschmuggelte Radel, un do wur er wieder klaa. »Esu hätt iech die Vürrichterei aah gekonnt«, sat er. »Nu, do machst se e annermol salberscht!« Der Emil klaubet seine Radle un Braatle un Keetenstückle un Stiftle zamm un machet sich eham. Ze senn Voter sat er: »Der Rußdokter hot die Uhr esu gründlich ausenannergenomme, doß er mit der Zammsetzerei sei Nut hobn werd!« »Is aah net schod üm dare Uhr!«, sat der Hannelobgust. Un dodermiet war die Geschicht mit der Heiligobnduhr begrobn.

Hans Siegert

Wuhie?

Nu is es wieder mol suweit:
Nu is se do, de Weihnachtszeit,
un komm iech itze wing zer Ruh,
do gieht mir'sch heier wieder su,
wie vunne Gahr die Tog – iech sitz
un zöhl mei Gald nooch, un iech schwitz
un waß net, wu der Kopp mir stieht,
un sing fer mir dos schiene Lied:
»O Weihnachtszeit, wie bist du schie;
wu sei dä när die Pfenng bluß hie ...?«

Manfred Pollmer

Der Grünerts[1]

De Kuhgass in Fichtelstadt war net gerod de Hauptstroß von Stadtel, oder e gruß' Haus stand doch drinne, weil der Gündel-Fläscher of seiner alten Bud e Stockwark ubndraufgesetzt hatt. Su stand dos Haus wie e Truthah unner ne gewöhnlichn Hühnervolk do, un's sooch aus, als hätt äner of ener racht alten Laderhus enn Husendekkel von lauter Flittern draufgeflickt. Der Gündel-Fläscher hatt unner alln Umständen aus seiner alten Bud e »modernes Haus« machen wolln. Weil's oder aah net derhaufen kosten sollt, do sooch dos Ding, wie's fertig war, aus wie e Kerl in Laderhusen un Samtjackett; 's Öbere passet zewingst gar net ofs Unnere. Doderfür hinge oder an de Fanster dra esu viel Vürhäng, doß ja kä fünkel Luft rauskonnt, wudrüber de annern Leit of der Kuhgass net bies ze sei brauchten.

Wos ne Gündel-Fläscher sei Haus zeviel hatt, dos hatt ne Korbmacher Schmiedel sei Haisel, dos gerodnüber an der Kuhgass hocket, bal ze wing. Oder doderfür warn de Fanster, wenn se aah net gruß warn, esu blitzblank, doß mer sei hallste Fräd drahobn konnt. Hinner ne zweeten Fanster nabn der Haustür gucket gerod e blonds Lokkenköppel vür. Dar kläne Gung, dar derzu gehäret, war der Schmiedel Otto. Un er sooch racht sehnsüchtig zen Fanster naus, dä er war allä derham, un's wur schu langsam finster. Sei Mutter war zen Heilign Obnd heit noch emol mit e paar Körbn fort, doß noch e paar Neigrosch wardn sollten, sinst hätt's mit enn Weihnachten fern klenn Otto schlacht ausgesahe.

Ne Otto war e wing eirisch zemut, der alte Saager ticket esu laut, sinst war Ruh in der Stub. När in Ufen tat hie un do emol e Scheitel e fünkel knistern. Von der Ufentür war ging e kläner ruter Schei über der Diel hie. Der Otto war ans Fanster getraten, doß er e wing ewos sooch un sich net ze ferchten brauchet. Viel ze sahe gob's net of der Kuhgass, när fing's a, ganz ruhig ze schneie. Ben Gündel-Fläscher wurdn in der Öberstub de Lichter agezünd', un mei Otto sooch, wie de Leit hie- un harliefen. Richtig, heit war doch der Heilge Obnd, do wür'sch wuhl noch ze tue gabn. Öb seine Mutter aah wos ben Heilign Christ bestellt hätt, dos hätt der Otto gern gewußt. Er setzet sich ofs Fansterbrattel, zug de Bä nauf un gucket naus ins Schneegestöber.

Bei darer Klatterei war er oder doch e wing ans Fanster nagestußen, un der Grünerts, dar ubn an Fanster in senn Kafig geschlofen hatt, war aufgeweckt un bal von Stangel gefalln. Doß er de Banance net verlor, huppet er gleich emol ofn annern Stangel nüber. »Wos hast de dä?«, sat der kläne Otto. »Du warst wuhl aah ofn Heilign Christ? Iech ka mer schu denken, wie's bei uns wardn werd: Nischt, nischt un noch emol nischt! Egntlich müßt's der ›Heilige Nischt‹ häßen!« Der Grünerts sat nischt derzu, dar huppet zer Abwachsling wieder ofs annere Stangel, sinst war nischt aus ne rauszekriegn. Der Otto tat oder in senn Krausköppel seine Asichten wetterspinne.

Wie schie mocht's drübn ben Gündel-Fläscher sei! Dan seine beeden Gunge braucheten när 's Maul aufzusperrn, do flugn aah schu de gebrotne Taubn nei. Itze mocht's an der Zeit sei, wu drübn de warme Knublichwurscht fertig wur. Wenn mer do emol su richtig neibeißen könnt! Der Grünerts schien doderfür kä Verständnis ze hobn, dar huppet. »Esu e Grünerts hot's gut«, dacht mei Otto, »dar kriegt sei Frassen un braucht när ze huppen!« Draußen vürn Fanster machet äs mit enn Christbaam vürbei. 's schneiet esu sanft un ruhig, menn Otto wur von dan Zugucken ganz drehet. 's fuln ne aah seine Aagle e fünkel zu; 's war ne, als wenn er salber draußen in dan Schneegestöber stand, un de Flockele purzelten üm ne rüm …

Do sat of aamol der Grünerts in senn Bauer: »Otto!« Dos Gungel fuhr zesamme. Es konnt sich net soot wundern, doß sei Grünerts reden konnt. »Richtig«, ful ne ei, »heit ginne de Internächt lus, do könne alle Viecher sprachen!« »Wos willst de dä?«, fröget er senn Grünerts. »Mach mer när emol mei Türl auf, iech möcht emol ne Stund naus!« Dos war ne Grünerts sei Aliegn. »Dos gieht net«, sat der Otto, »du kämst doch net wieder, un iech säß do un krieget de Schalln.« »Mahr när net«, sat der Grünerts dodrauf, »du kast meitwagn aah mietgiehe, du kriegst enn haufen ze sahe!« Der Otto hatt erscht seine Bedenken, oder zeletzt machet er doch miet. Er machet's Türl auf, un der Grünerts huppet raus. 's dauret net lang, hatt er ne Otto esuweit gebracht, doß er aah 's Fanster aufmachet. Dann sat der Vugel: »Nu halt dich an menn Bänel fest!« Kaum hatt's der Otto agepackt, gob's enn Schlenkrich un – rupps, standen se draußen of der Stroß.

»Wu wolln mer dä zeerscht hie?«, fröget der Grünerts nu wetter. »Emol zen Bergemäster«, sat der Otto, »iech möcht gern emol sahe, wie's bei dan zen Heilign Obnd is!« Ritsch – ratsch ging's, do soßen se aah schu ben Rothaus in der zweeten Etasch haußen ofn Fanstergesims un gucketen durch de Fanster nei. In der Stub brannt när e Lamp ofn Schreibtisch von Herrn Bergemäster. Der Christbaam war schie ageputzt, oder noch net agebrannt, dä wos sich in darer Stub ospieln tat, war net gerod esu, doß hätten de Christbaamlichter drauf scheine mögn. An Schreibtisch soß e wing rümgedreht der Herr Bergemäster, un vür ne stand sei grußer Gung, dar in der grußen Stadt of der Schul war. Er war abn ze de Ferien ehämkomme un hatt sei bunte Mütz noch in der Hand. Er machet oder e rachts betratens Gesicht, un dos, wos ne sei Voter azehärn gob, konnt'n aah net fruher stimme. Doderbei nohm der Alte immer enn Brief von ener Hand in der annern, un dar Brief war aus der Schul in der grußen Stadt, wu dar Gung neiging, un in dan Brief stand, doß der Gung nischt taaget.

»Doß's Gott derbarm«, sat der Otto, »komm, mer wolln uns dohierde wagmachen, do drinne gibt's Hundsludeln zen Heilign Obnd!« »Wu wolln mer dä nu emol hie?«, fröget der Grünerts. »Zen Knöppel-Lindner emol!«, sat der Otto, un fort ging's in enn Husch bis zen Knoppfabrikant Lindner seiner Villa na. Do warn vür de Fanster sette Blumekasten dra, do konnt mer racht gut sitzen un hatt aah enn Einblick in de Stöbn. In dar enn Stub soßen de drei Lindnerkinder mit dan Frailein, mit dan se egal spazierngiehe mußten un die egal derhinner war, doß kä anner Kind emol an die Kinner nakonnt. Der Otto konnt die Fraa schu immer net leiden, ihrer tottenden Brill wagn. Die trug se net esu wie annere Leit, doß se an der Nos un an de Ohrn festgemacht wur, nä, die hatt se an enn Stackel dra, un wenn se of der Stroß ewos sooch, wos'r net passet, do nohm se allemol dos Ding in der Höh un schicklet durch.

Wos dos Weibsen aah itze mit de Kinner machet, passet ne Otto net. Die Kinner standen do un mußten dar Fraa ellenlange Gedichter harsogn, un weil's dar kläne Gung noch net richtig konnt, tat's ne aah noch auszanken. Do lief menn Otto oder de Gall über. »Heit sei Ferien!«, bläket er un haaet mit der Faust an de Fanster na. Do hub dos Weibsen ihr Brillngesteck in der Höh un gucket nooch'n Fanster zu. Dodrüber derschrock mei Otto esu, doß er nunnergesterzt wär, wenn er net zer Nut noch's Bänel von senn Grünerts derwischt hätt. Dar lachet grodnaus, flacket ober durch der Luft, doß mei Otto erscht wieder ze Oten kam, wie's of der Kuhgass zuging.

»Mer wolln noch emol ben Gündel-Fläscher neisahe«, sat er noch, un's dauret net lang, do soßen se aah schu ubn an Fanster. Do drinne ging's pulisch zu! Die beeden Gündelgunge hatten's net derwarten könne, doß de Beschererei lusgiehe sollt, un hatten esulang rümgenörgelt, bis de Mutter, die doch alle Händ voll in Loden ze tue hatt, jeden wos hatt hiegeta, doß se när ihr Maul hielten. Der Gruße hatt su enn Zeppelin aus Blach kriegt un der Kläne e Leierkastel. Do hatt oder der Kläne an dan Zeppelin rümgedreht un – »knacks« war'sch gange, dann ging er net mehr. Do hatt der Gruße vür Wut ne Klänn sei Leierkastel von Tisch runnergehaa, doß dos aah net mehr ging. De Folg war, doß der Kläne ofn neiging un ne in Gesicht krahln wollt, un der Gruße senn Bruder e paar tüchtige Dachteln gob. Dodraus wur natürlich e tüchtigs Gebläk, un der Otto kam mit senn Grünerts gerod derzu, wie der Gündel-Fläscher mit ne Stacken zer Tür reikam. Die Gunge rissen aus, un der Kläne, wos er när konnt, na an Fanster, als wenn er raushuppen wollt. Er haaet enn Fansterflügel auf – un mei Otto krieget enn setten Gunks, doß er von Fanster nunnersterzet. Von dan äfälling Grünerts war nischt mehr weiszekriegn, oder es ging zen Gelück net esu tief nunner.

Mei Otto gucket sich üm, wu er hiegeflugn wär, – do soß er derhem in der Stub, un sei Mutter hatt abn de Tür aufgemacht. Se hatt aah de Hauslamp schu agezünd', un do konnt mer sahe, doß se e ganz' Hardel Paketeln in der Hand trogn tat. Der Otto riskieret erscht enn Blick nauf nooch senn Vugelbauer – do war der Grünerts drinne un huppet. »Wos machst de dä, mei Gungel«, lachet de Mutter, »bist gewieß von Stangel gefalln.« Der Otto dacht bei sich: »Wenn du wüßt, wos iech alles weß!« Er wußt ober schu, doß er mit setting Sachen bei seiner Mutter schlacht akam un sat nischt. Natürlich taten se die Paketeln, die sei Mutter mietgebracht hatt, tüchtig in de Aagn stachen. Äs dampet sugar, un de Mutter wicklet e ganz' Stück Knublichwurscht raus un sat: »Do, beiß emol!«

Wie er dos annere Zeig agucken wollt, sat oder de Mutter: »Morgn früh kimmt erscht der Heilige Christ!« Se gob'n oder derweile enn Pfafferkuchenma, doß'n der Wuchs net vergiehe sollt. Der Otto setzet sich wieder an sei Fanster na, broch oder ganz hämlich e Stückel von senn Pfafferkuchen wag un stecket's senn Grünerts zwischen de Drohtstabeln. Dar tat oder, als könnt er sich of nischt besinne un huppet in enn wag, rüber un nüber, un wenn ne de Katz net gefrassen hot, huppt er heit noch!

1 Kreuzschnabel

Max Wenzel

Kurrendesänger

Wir laufen als Kurrende
und frieren an die Hände,
auch friern wir an de Zehn,
doch singen wir sehr schön!

Wir singen Weihnachtslieder
die Straßen auf und nieder.
Hell leuchtet die Latern.
Der Max, dar trägt den Stern.

Wir ziehen durch die Straßen
un frieren an die Nasen,
auch friern wie an die Zehn,
doch singen wir sehr schön.

Kurt Arnold Findeisen

Weihnachten derham

E jedes Gahr zer Weihnachtszeit,
do denk iech an derham.
E jedes Gahr zen Heilign Obnd,
do gob's enn Lichterbaam.

Mei Voter hot ne hamgehult
weis draußen aus'n Wald.
Mei Mutter hot ne ageputzt.
Nu sei se beede alt.

Iech salberscht bie miet alt gewurdn,
un Kinner wachsen ra,
doch wenn Weihnachten komme tut,
putz iech ne Christbaam a.

Un wenn iech aah noch älter war,
su lang wie iech war labn –
e jedes Gahr zer Weihnachtszeit,
do denk iech an derham.

Karl Hans Pollmer

Heilige Nacht in Arzgebirg ...

Heilige Nacht in Arzgebirg

Heilige Nacht! In jeden Haus
gieht's Bornkinnel nu hutzen.
Sachte läfft de Peremett,
wolln mer es Baamel aputzen.
Weihnachtszeit, selige Zeit,
machst unner Herz su fruh un su weit.

Heilige Nacht voll ewiger Lieb
sei enn jeden beschieden.
Wu noch e Herz is müd un voll Sorg,
schenk ne der Himmel senn Frieden.
Weihnachtszeit, selige Zeit,
machst unner Herz su fruh un su weit.

Stephan Dietrich

Loßt uns abaten

Dan Kind, dos in dan Krippel liegt,
gehärt de ganze Walt,
drüm baten's nu de Hirten a,
de Hirten ofn Fald.

De Weisen brenge, wos se hobn,
un kniee vür ne hie.
De Engel singe fer dos Kind
ihr schönnste Melodie.

Dan Kind, dos in dan Krippel liegt,
dan will aah iech gehärn
un will's mit Lieb un Lust un Trei
mei Labtog lang verehrn.

Karl Hans Pollmer

Wie miech es Christkinnel ehamgeführt hot

Wenn esu sachte Weihnachten werd, do is's enn jeden Menschen ganz annersch üms Herz rüm. Mer ka dos net su sogn, weil dos in Herz liegt. Wie mei Gung neilich ze mir sat: »Voter, wenn huln mer dä de Peremett von Buden ro, waßt de, die von Grußvoter aus Schneebarg ...?«, do war mir'sch su saltsam zemut, doß mir es Wasser nei de Aagn kam, un in Hals drucket's esu, als öb iech richtig greine wollt. Der Gung wußt gar net, wos mit mir lus war. Un doß er nischt merket, hob iech när fest an meiner Tobakspfeif gezugn un de Büscheln nausgeblosen, als öb e Ess raacht. »Ja, mei Gungel«, sat iech un nohm ne of de Baa, »iech will dir emol e Weihnachtsgeschicht derzöhln, wu es Christkinnel enn klenn Gung zen Heiligobnd wieder ehamgeführt hot, dar sich verloffen hatt! Un dar klaane Gung war iech, dei Voter!«

Dos is lang har, schu über dreißig Gahr, do nohm miech an enn zweeten Advent mei Voter bei der Hand un sat: »Komm, Gung, mir laafen heit emol nooch Schneebarg ze deine Grußeltern.« Wie hob iech miech do gefreit, weil iech mietgieh konnt un die annern derhambleibn mußten, mei Grußer, der Dicke un es Fritzel. Mei Mutter war fruh, doß se emol e Maul winger ze stoppen brauchet. Se sat när ze menn Voter: »Paß fei gut auf, Alter. Un söllt er epper greine, nu do brengst ne abn wieder miet eham.« Meine Grußeltern wollten miech e paar Wochen behalten, weil se immer esu allaa warn un miech besunnersch nei's Herz geschlossen hatten. Iech sooch namlich menn Grußvoter e fünkele ahnlich, saten se immer ...

Mir zwee-e machten uns nu of de Socken. Erscht ging's nooch Wolfsgrü, noochert ne Burkertsgrüner Barg na. Iech mußt menn Voter oft bramsen, weil iech mit meine klenn Baanle net esu fix noochkam. Wos es do när alles ze sahe gob of su ener Raas: Barg un Haiser, Reh un Hosen – un när die vielen Krohe! Mir kame an der Schul vürbei un na'n Kuchnhaus. Un do sooch mer aah schu de Schneebarger Kirch. Do blieb mei Voter stiehe un gucket lang hie. »Siehst de«, sat er, »dort, nabn dar grußen Kirch, do wuhnt geleich dei Grußemutter.« Es hot net lang gedauert, warn mer dorten ... War dos e Fraad bei meiner Grußemutter! Iech sah noch heit dos alte gute Weibel mit ihre ruten Backele un dan galbseidene Kopptüchel. E klaane Fraa war'sch, mei Grußemutter, ober su gut war sche, doß se miech of ne Arm nohm un miech tausendmol ogedruckt hot, doß mir de Luft bal wagblieb. »Nu weil mer dich när hobn, Gungel, du goldigs!« Mei Grußvoter war e ernster Ma. Sei Labn war esu, doß er net lachen konnt. Von Krieg hatt er enn Schuß, wu er sei Labtog dra gekrankt hot. Er gucket miech ganz ernst a – iech gelaab, bis nei's Herz. Noochert fuhr er mir sachte durch de Haar un sat: »Nu, Gung, do folig när deiner Grußemutter racht gut, noochert kast de meintwagn dobleibn.«

Wie nooch drei Tog drauf mei Voter wieder eham is, do bie iech ganz gern geblíebn. Bei meiner Grußemutter gob's jeden Tog zen Kaffeetrinken Hefenkließ, un net bluß Fettbemme wie derham. Un obndst hot mir mei Grußmütterle sette schiene Geschichten derzöhlt, un doß nu bal Weihnachten kimmt un der Rupprich un es Bornkinnel. Wos dos mir när alles mietbrienge tät! Un wenn se su derzöhlt, do huppeten de Klippeln rüber un nüber, un de flessign Finger ginge rauf un ro un hie un har, un in ihre guten blaae Aagele, do log mei ganzes Weihnachten. Un noochert kam dar Heilige Obnd, wu iech dar guten Fraa es Herz su schwar gemacht hob, meiner alten guten Grußemutter. Wos muß die alte Fraa domols ausgestanden hobn ...!

Ober war ka in e Kinnerherz neigucken. In der grußen Stub hatten se alles schie agericht'. De Peremett stand of ne Tischel. In der Eck hing der gruße Engel, un dernabn stand der Christbaam. Genau esu wie derham, hob iech klaaner Gung gedacht. Un do hot mir'sch esu wieh üm's Herz rüm geta. Iech hob meine Mutter gesah, menn Voter, ne Dicken, ne Grußen un aah es Fritzel un mei Eisenbah von vüring Gahr ... Un do is es geschahe, dos Ugelück. Wie mei Grußemutter üm viere rüm noochmittig noch emol nei der Apothek is, fern Grußvoter ewos ze huln, do war'sch esu aasam, un iech konnt's nimmer aushalten. Do bie iech zer Tür nausgeschlichen. Iech mußt doch eham, heit war doch Heiligobnd. Un mei Mutter wollt mir doch an menn Wogn e neies Pfarle kaafen, un es Fritzel wollt mir mir de Eisenbah aufbaue ...

Do bie iech de Georgengass nogerennt. Iech wußt doch e wing ne Wag. Nooch Eibnstock war'sch doch gar net esu weit. Wür sich ober mei Mutter freie un es Fritzel! Iech bie när immer geloffen un geloffen, bis iech bal kaane Haiser meh gesahe hob. Mit der Zeit wur'sch ümedüm sachte duster, un es fing e wing a ze schneie. In manichn Haisern sooch mer schu, doß se es Licht abrenne taten. Nu konnt's doch gar nimmer esu weit bis Eibnstock sei. Su hob iech domols gedacht, un derweile war iech erscht ben Chauseehaus. Immer meh ging dos Schneie lus. Do wußt iech nimmer genau, welcher Wag der richtige war, links nüber oder rachts hie. Un e bissel Angst krieget iech aah. Do hob iech laut gerufft, ober niemand hot mir e Antwort gabn, kaa Voter un kaa Mutter. Do hot miech der Gammer bal ümgebracht, un iech hob immer geheilt un gerufft. Do sooch iech mitten durch de Schneeflocken vür mir e Licht … War dos net …, war dos net es Christkinnel? Heit is doch Heiliger Obnd! Un do hot's mir zugelacht un gewinkt, es richtige Christkinnel. Do hob iech nimmer ze greine brauchn un bie immer hinnern Christkinnel harmarschiert. Un oft emol hot sich's ümgedreht un miech su gut agelacht. Do war iech gar nimmer müd un wußt, doß iech bal ehamkomm … Ober wos war dä dos? Dos ging immer klingeling, klingeling, als öb tausend Glöckle klinge un de Engele singe. Un dos Klinge kam immer nähnder, un dos Licht wur immer größer …

Noochert hob iech nischt mehr gesahe. Iech waß bluß noch, doß miech mei gute Mutter in Arm gehalten, doß se gegammert hot, mei gute Mutter, un es Fritzel hot miech gerufft un hot gelacht. Noochert war alles Nacht üm mir rüm, när dos Glöckel hob iech immer gehärt, emol sachte, emol laut … Wie iech wieder munner war, wußt iech net racht, war iech derham oder bei der Grußemutter. Do war de Peremett un der gruße Engel, dar miech su alachet … Dort der Christbaam un mei neies Pfarle un es Fritzel mit der Eisenbah. Unnern Christbaam soßen der Dicke un der Gruße. Iech sooch menn Voter un mei Mutter un in Lahnstuhl menn Grußvoter. Un nabn mir knieet mei Grußemutter un sat när immer: »Ach, du lieber Gott, weil de när dan Gung ne Wag gezeigt hast!« Un iech sat: »Naa, Grußemutter, der liebe Gott war'sch net, es Christkinnel mit senn Laterle hot miech geführt!« Do hot mei Mutter geheilt, un iech wußt gar net warüm. När der Grußvoter hot miech immer esu ernst ageguckt un gesat: »Gung, Gung, wos hast de deiner arme Grußemutter bluß ageta!« Ober iech wußt doch gar net, wos, weil iech's domols noch net verstanden hob …

Und noochert hobn mir alle su gelücklich Weihnachten gefeiert un de »Stille Nacht« gesunge, un alle warn su gut mit mir, wie es Christkinnel un wie de Menschen in der Heiling Nacht sei. Erscht spöter hot mir e manichsmol mei Mutter derzöhlt, doß iech meiner Grußemutter ausgerissen war un wie miech meine Eltern gefunden hobn, un dos will iech dir aah noch derzöhln. E Mutterherz fühlt weit, aah über Land un Meer. Domols an dan Heiligobnd hot mei Mutter noochmittig su ne saltsame Angst üm mir gehatt. De Sehnsucht nooch ihrn Klennsten hot se bal ümgebracht, un do hot se menn Voter gebattelt: »Voter, iech hob sette Sorg üm unnern Klenn, wenn mer ne när derham hätten; dar werd doch der Grußemutter net fortgeloffen sei. Wie denkst de, wenn mer ne Enzmann Hans senn Kastenschlieten un es Pfarle borgn täten un alles neipacken un nooch Schneebarg fahrn. Dei alter Voter tät sich aah freie; war waß, öb er noch e Weihnachten derlabt!« Erscht wollt der Voter net. Wie er ober unnerer guten Mutter de Angst agesahe hot, do sat er: »Mach alles fertig, mir fahrn allezamm!« Üme fünfe rüm an Heiligobnd noochmittig sei se lusgefahrn. Zwischen der Schorler Ziegelei un ne Kuchnhaus, do hobn se enn klenn Gung an Wagrand sitzen sah, un dos war iech. War waß, wos passiert wär, wenn miech es Christkinnel net ne richtign Wag geführt hätt ...

Stephan Dietrich

Wunsch ze Weihnachten

Wenn de Weihnachtsglocken laiten
un e halles Lichtel brennt,
sei mer glücklich voller Freiden,
falten zen Gebat de Händ:

Lieber Gott, tu uns beschirme,
wie bishar vür grußer Nut;
wenn sich oft aah Wolken türme –
half uns wetter, gab uns Mut!

Tu de Haamit uns derhalten,
alles liegt in deiner Hand.
Loß ofs neie Gnade walten
über unnern ganzen Land.

Gertrud Drechsler-Groß

Derzwischen hot der Zug gepfiffen ...

Alle Gahr ze Weihnachten komme enn de Erinnerunge, wie's gewasen is, wu mer noch klaa war. War ka dä dos vergassen! De Kinnerzeit is de schönnste Zeit. Aah, wenn se fer manichn net immer schie war. Ober se is es aah deswagn, weil mer dos, wos es Labn enn su gibt, ganz annersch aufnimmt, weil mer do de Walt ganz annersch derlabt als in de spötern Gahr. Uvergaßlich bis ins huche Alter nei sei de Erinnerunge an de längst vergangene Gungezeit.

Iech glaab, iech bie epper acht, nei Gahr alt gewasen, do hob iech es Weihnachtsfast derlabt – wenn iech dra denk, do kloppt mir itze noch mei Herz, genau esu, wie's dozemol gekloppt hot. Mir wuhneten in enn klenn Stadtel in Arzgebirg, wu salling noch de Bimmelbah durchgefahrn is, wu de Haiser klenner un de Stroßen schmöler sei als epper in Aue oder gar in Zwicke, in Drasden oder Leipzig. Mir wuhneten net weit von Bahnhuf wag. Dos hot mit meiner Geschicht nischt ze tue, un es hängt doch dermiet zesamm.

An salling Heilign Obnd mußt iech zeitig ze Bett giehe; dä an annern Tog sollt zeitig aufgestanden wardn, weil do der erschte Feiertog war un weil iech do beschert krieget. Wos, dos wußt iech net. Dos darf mer aah net wissen! Dos is emende überhaupt es Allerschönnste an dar ganzen Beschererei, bei de Klenn un aah bei de Grußen, doß mer wie in Finstern tappt, nischt sieht, nischt waß un sich nischt denken ka. Esu bie iech nu eigeschlofen, voller Sinne un Grübeln: Wos werd's dä sei, wos morgn früh of menn Weihnachtstisch stieht? Mei Voter war e aafacher Strumpwirker. Gruße Sprüng konnten mir net machen derham. Ober, dos wußt iech, un dos hatten mir meine Leit aah emende bal hunnertmol gesat: Ewos gabn wür'sch bestimmt! Iech hatt doch gefoligt un war e guter Gung gewasen! Dodrauf kam's ze dare Zeit noch viel, viel a, un dodrauf gucken de Vöter un de Mütter aah heit noch!

Mitten in menn Schlofen weck iech of aamol gahling auf! Mitten in der Nacht! Kaa Mensch hatt miech geweckt! Ober es war ewos, dos hot miech munner gemacht! Wos war'sch dä när bluß? Lange Zeit log iech in menn Bett un horchet, lauschet in der Finsternis unnerer klenn Kammer nei. Do! Itze häret iech's wieder! Pfeifen tat's! Weit wag, ober deitlich ze härn, tat's pfeifen! Iech dacht: »Dos is de Eisenbah! Emende stieht se draußen vür ne Tunnel (dan's kurz vür unnern Bahnhuf gob), un se ka net eifahrn!« Nooch ner Weile pfeifet's wieder! Un wieder nooch ner Weile noch emol! »Warüm fährt dä bluß dar Zug net wetter«, dacht iech, »mitten in der Nacht …?« Iech hob kaane Antwort gefunden. Emende war iech aah noch viel ze klaa derzu, doß iech aane hätt finden könne. Iech häret's noch e paarmol pfeifen, immer, wie wenn's weit wag wär, ober es war deitlich ze härn, ganz deitlich. Noochert bie iech drüber eigeschlofen un hob nischt meh gehärt un gemerkt.

Es war noch immer finster in der Kammer, als miech jemand munner machet. Es war mei Mutter, die an menn Bett stand un sat: »Komm, stieh auf!« Se hot mir hinnerhar derzöhlt, doß mei erschte Frog gewasen is: »Stieht der Zug noch draußen?« »Wos dä fer Zug?«, hot se miech gefrögt, un iech hob gesat: »Dar ben Tunnel!« Mei Mutter hot mit'n Kopp geschüttelt un hot gemaant: »Gung, du traamst wuhl noch? Komm, stieh auf! Der Rupprich war do!« Do bie iech hurtig aus menn Bett gesprunge un hob alles vergassen, wos iech geredt hatt. Der Rupperich war do! Un er hatt bestimmt ewos mietgebracht! In e paar Minuten war iech agezugn, un noochert führt miech mei Mutter nüber in die Stub.

Do war's schie warm. Un Lichter taten brenne. Ofn Baam, of der Peremett, of menn Bargma un menn Engel. Un – iech dacht, iech sah net racht – mitten ofn Tisch, dar mitten in der Stub stand, ja, wos war dä dos? Sachte bie iech hie, hob halb geheilt un halb gelacht … Mitten ofn Tisch stand e klaanes Riesenrod. Mit richtige Kahneln! Un richtigen Manneln drinne! Un es drehet sich! Genau esu, wie iech's drübn of der

Annebarger Kaat gesahe hatt! Wie drehet sich dos ober när? Do mußt doch aaner sei, dar dos drehe tat! De Gedanken in menn klenn Kopp taten sich förmlich überkugeln, un kaum war iech e fünkel dermiet zerachtkomme, do passieret's! Pfeifen tat's! Richtig pfeifen! Wie gestern obnd! Viel lauter bluß! Un do, mitten in der Stub ...!

Iech kam net meh zeracht mit mir. Iech hob bluß noch geguckt, un es mög net gerode e racht gescheits Gesicht gewasen sei, dos iech gemacht hob, dä mei Voter un mei Mutter lacheten, un noochert packet mei Voter miech a un zeiget mir dos klaane gruße Wunner, dos vür mir aufgebaut war: E Dampfmaschine, die mit Spiritus agetriebn wur, drehet es Riesenrod, un wenn mer of enn klenn Hebel drücket, tat se pfeifen, laut – un doch esu schie wie gestern obnd, wie de Eisenbah, wenn se draußen ben Tunnel stieht un net eifahrn darf! Zen Heilign Obnd, wie iech ze Bett gange war, hatt mei Voter de Weihnachtsstub aufgebaut un derbei e wing de Dampfmaschine pfeifen lossen. Iech war aufgeweckt dervu un hatt gedacht, de Eisenbah ka net wetter. Un nu war'sch e Dampfmaschine un e Riesenrod dra! E Dampfmaschine un e Riesenrod, die mir gehäreten, mir ganz allaa!

Net viel, wardn manche denken. Naa, es war net viel! Dos hatt mancherlaa Gründ, doß es net viel war. Ober iech hob miech gefraat drüber. Iech bie gelücklich dermiet gewasen. Gelücklich, wie lang net in menn klenn Kinnerlabn. Iech denk e manichsmol – un bestimmt, wenn Weihnachten is – an die Nacht, wu derzwischen nei der Zug gepfiffen un miech aufgeweckt hot. Ober es Schönnste war abn dos: Es is ja gar net der Zug gewasen ...

Karl Hans Pollmer

Weihnachten in Gebirg

1. Der Himmel is e Lichterbugn, de hallsten Stern sei aufgezugn, Weihnachten in Gebirg, Weihnachten in Gebirg.

De Walt is still wie in enn Traam,
in Schnee vergrobn sei Busch un Baam,
Weihnachten in Gebirg.

E Stern fällt do ins Herzel nei,
wie hall dos werd un fruh un frei,
Weihnachten in Gebirg.

Friedrich Emil Krauß / Weise: B. Uhlig

Wie ich zum Weihnachtsdichter wurde

O du allerschönstes Märchen
meines fernen Kinderlands,
erzgebirgische Weihnachtswonne,
Christgeburt im Lichterglanz,
immer, wenn mein Herz sich härmte
weit verwandert und verstört,
fand es sich in deinem Scheine
waldwärts, wo es hingehört!

Am Anfang war ein Licht, ein Weihnachtslicht. Ein erzgebirgischer Bergmann aus Holz hielt es in seiner ausgestreckten Rechten. Neben ihm stand ein hölzerner Engel mit weitgespannten blauen Flügeln, der ebenfalls eine brennende Kerze trug. Beide bewachten einen Paradiesgarten, um den im Viereck ein grüner Zaun lief, ein zierlicher grüner Zaun mit weißen Spitzen. Drin saßen Josef und Maria bei der Krippe. Lämmer weideten dicht daneben in grüner Holzwolle, Hirten und Könige beteten das Bübchen an; Ochs und Eslein mochten nicht fehlen. Dies wuchs eines Abends vor einem stürmenden Kinderherzen auf, wuchs und wuchs und drängte alles übrige beiseite, einen schimmernden Christbaum, einen Tisch voll Geschenken. Es wuchs und wurde ein unerhörtes Erlebnis.

Dazu kam ein merkwürdiges Weihnachtslied, das von Vater und Mutter gesungen wurde. Darum so merkwürdig, da sie es in einer Sprache sangen, die dem gewohnten Wortverkehr nur zur Hälfte glich, die aber etwas unbedingt Vertrauenerweckendes an sich hatte. Von der alten abergläubischen Volkssitte des Bleigießens handelte das Lied, und von einer gewissen Hanneliese, die alsbald hereinkommen sollte, von einem Licht, das angeblich zweiundzwanzig Pfennige gekostet hatte und so dick war, daß es nicht in den Leuchter ging, von sechs Butterstollen, lang wie die Ofenbank, von Wurst und Sauerkraut und von vielen anderen ungewöhnlichen und bemerkenswerten Dingen. Aber für zweiundzwanzig Pfennige hieß es: »Zwee-e-zwanzig Pfenng«, für Leuchter »Lechter«, und für Wurst, und das war das Kurioseste, sangen sie »Wurscht«, was man sonst um alles in der Welt nicht sagen durfte. »Wurscht un Sauerkraut« sang der Vater, »Wurscht un Sauerkraut« sang die Mutter; das klang zu komisch! Aber es klang auch wieder anziehend und gemütlich, etwa so, wie die dicke Waschfrau sich vernehmen ließ, die so geheimnisvoll nach Schmierseife roch und immer einen Kreis von Wohlwollen um sich verbreitete.

»Wurscht un Sauerkraut!« Man sang es mit, so gut es gehen wollte, und bebte innerlich vor Bewegung. Man stellte sich die Vorgänge des kunterbunten Liedes vor, soweit sie zu übersehen waren, und daß eine gewisse Hanneliese schnell hereinkommen sollte, blieb dabei doch das Allermerkwürdigste. Man sog die sinnfällige Melodie in sich, die immer von neuem auf ein übermütiges tara tarallala hinauslief, und im Tiefsten fühlte man's als unumstößliche Gewißheit, daß das Lied zu dem Paradiesgarten gehörte wie der Paradiesgarten mit Bergmann und Engel zu dem Lied, und eine weite, herzklopfende, atemversetzende Angelegenheit wurde aus dem allen.

So hat er mich früh gegrüßt, der eigenartige Weihnachtsbrauch meiner erzgebirgischen Heimat zusammen mit ihrem berühmten Heiligabendlied: »Heit is der Heilge Obnd, ihr Maad, kommt rei, mer gießen Blei«; denn so fing es an. Und aus holzgeschnitzten Krippenfiguren, Bergleuten, Engeln und aus dem behäbigen Christgesang in der treuherzigen Mundart meiner Landsleute rann das erste große und nachhaltige Erlebnis meiner Kinderzeit zusammen, aus Heimatlicht, sinnfälliger Handlung, Volkssprache und Musik!

Von diesen schönen Dingen aber, so scheint mir, nährt sich heute noch zu seinem Heile der Charakter meines Schaffens, und so glaube ich mich nicht zu irren, wenn ich als eine Keimzelle meines dichterischen Wesens jenen Weihnachtsabend bezeichne. Nicht zufällig ist es demnach, daß mich der Legendenzauber des deutschen Bethlehem nie ganz losgelassen hat und daß ich immer wieder getrieben wurde, das Geheimnis dieser Beglückung aufzuhellen. Den Ehrennamen »Der Weihnachtsdichter« hat mir diese Bemühung obendrein eingetragen. Ich bin stolz auf diesen Titel, sogar auf die Gefahr hin, für »altmodisch« gehalten zu werden ...

Kurt Arnold Findeisen

Heilig-Obnd-Lied-Varschel

In Arzgebirg is's wahrlich schie,
wenn's draußen stürmt un schneit
un wenn de Peremett sich dreht,
is unnre schönnste Zeit!

Kurt Arnold Findeisen

Heiliger Obnd

Der Türmer hot schu agezündt,
nu gieht aah's Laiten lus.
Macht's Fanster auf, loßt rei geschwind
dan Weihnachtsglockengruß.
De klaane Glock lett erscht allaa,
un nu kimmt, horcht när hie,
de mittlere, de zwaate dra,
dos klingt doch werklich schie.

Un bautz, nu fällt de gruße ei,
horcht när, ihr Leit, die Pracht!
Wie schie klingt dos, wenn alle drei
su lummern durch de Nacht.
Klingt net dos Heiligobndgelait,
als käm's von Himmel ro?
Als ruffet's: Frei dich, Christenheit,
nu is Weihnachten do!

Nu hobn de Gunge ihr Geschäft,
hall werd's in jeder Eck.
Saht när, dort wu dar Lechter läfft,
dos Wimmeln an der Deck.
Zündt nu es Heilge-Obnd-Licht a,
ne Steiger un de Dock,
un doß sich jeds dra freie ka,
stellt's of ne Fansterstock.

Inu, die Raacherkerzle zamm,
dos Wecheln krumm un grod;
mer möcht gelei zwaa Nosen hamm,
un krieget doch net soot.
Iech sog's eich: Loßt ne grußen Gung
net in der Kammer naus,
dar knaupelt aus ne Stolln un Kuchn
fei de Rosining raus!

Nu hult dos Weihnachtsliederbuch,
mer singe bis zer Mett.
Un Stolln un Kaffee gibt's genung,
do gieht doch kaans ze Bett.
Wos sing mer dä ze allererscht?,
frögt's Mienl ne Vetter Fried.
Nu dos, wos de an liebsten härscht,
es Heiligobndlied!

Guido Meyer

's Heilig-Obnd-Lied

Heit is der Heilge Obnd, ihr Maad,
kommt rei, mer gießen Blei!
Fritz, laaf geschwind zer Hannelies,
se söll bezeiten rei.

Mer hobn ne Lechter agebrannt,
saht nauf, ihr Maad, die Pracht!
Do drübn bei eich is's aah racht schie,
ihr hatt e Sau geschlacht'.

Iech ho mer aah e Lichtel kaaft
fer zwee-ezwanzig Pfenng.
Gieh, Hanne, hul e Tippel rei,
der Lechter is ze eng!

Karl, zünd e Weihrichkerzel a,
doß's nooch Weihnachten riecht,
un stell's när of dan Scherbel dort,
dos unnern Ufen liegt!

Lott, dorten of der Hühnersteig,
do liegt menn Lob sei Blei;
ober rafel net ze sehr dermiet,
sist werd der Grünerts schei!

Iech gieß zeerscht – wan krieg iech dä?
Saht har, enn Zwackenschmied!
De Karlin lacht, die denkt wuhl gar,
iech maan ihrn Richter-Fried!

Mer hobn aah sachzn Butterstolln,
su lang wie de Ufenbank,
un wenn mer die zamm gassen hobn,
do sei mer alle krank.

Mer hobn aah Neinerlaa gekocht,
aah Wurscht un Sauerkraut;
mei Mutter hot sich ogeplogt,
die alte, gute Haut!

Fritz, brock de Sammelmilich ei,
nasch ober net dervu!
Ihr Gunge, warft kenn Raspel ro
ins Heilig-Obnd-Struh!

War gieht dä übern Schwammetopp?
Nu, Henner, härscht de net?
Wenn när der Voter komme werd,
do mußt de gleich in Bett!

An Heilign Obnd üm Mitternacht,
do läfft statt Wasser Wei,
un war sich do net ferchten tut,
hult sich enn Topp voll rei.

Lob, hul derweil ben Hannelieb
ne Voter e Kannel Bier;
noort, wenn de kimmst, do singe mir:
»Ich freue mich in dir«.

Ihr Kinner, gieht ins Bett nu nauf,
der Saager zeigt schu aans!
Ob mir Weihnachten wieder derlabn?
Wie Gott will, su geschah's!

(gekürzt) Nach Johanne Amalie von Elterlein

Weihnachten is's, stille Nacht

Weihnachten is's, stille Nacht.
Härt när, wie's Holz in Ufen kracht!
Eiskalt is's draußen, ne Schnee haat's huchhie.
Do is fei fruh, war net naus braucht ze gieh.

Weihnachten is's, stille Nacht.
Guckt när, wie heit's Bornkinnel lacht!
Un wie der gruße Stern drübn su hall
lecht' in jeds Stübel, zen Viech aah in Stall.

Weihnachten is's, stille Nacht.
In alle Fanster Lichterpracht,
un huch von Turm ubn Glockengelait.
Su muß es sei, 's is doch Weihnachten heit.

Weihnachten is's, stille Nacht.
Nu ginne schlofen de Kinner sacht.
Schafle in Arm, se lachen in Traam.
's Bornkinnel is fei schu lang wieder ham.

Willibald Eisert

Weihnachtslied

Wenn draußen von Himmel der Schnee fällt,
deckt Walder un Wiesen schie zu,
noort kimmt drubn bei uns bal de Weihnacht,
stimmt alles su fastlich un fruh.

De Sterle, die glitzern von Himmel,
de Baamle sei zuckerbeschneit.
Es pocht an der Tür schu der Rupprich –
nu is aah 's Bornkinnel net weit.

De Kinner, die folgn wie de Schafle,
do hot's fei kaa Nut un kenn Streit.
De Grußen, die wardn wieder Kinner –
ach, du selige Weihnachtszeit.

De Peremett dreht sich ganz sachte,
un Bargma un Engele lacht.
Un über de Walder der Haamit,
kimmt sachte de Heilige Nacht.

Un scheine de Lichter von Baamel
su warm uns in Herz un Gemüt,
noort klingt ubn in unnerer Haamit
dos uralte Weihnachtslied.

Stephan Dietrich

O selige Weihnachtszeit

Lust un Freid, o se-li-ge Weih-nachts-zeit!

Wie glänzen hall de Lichtle
verstuhlnst aus jeden Fansterle raus,
denn's zieht durch jeden Hüttel
's Bornkinnel ei un aus.
O selige Zeit, o Weihnachtszeit!
Du brengst uns wieder Frieden,
machst unner Herz voll Lust un Freid,
o selige Weihnachtszeit!

Horch, wie de Glocken klinge
uns zu in stiller, heiliger Nacht,
un fromme Kinner singe:
»Eich is heit Frieden gebracht!«
O selige Zeit, o Weihnachtszeit!
Du brengst uns wieder Frieden,
machst unner Herz voll Lust un Freid,
o selige Weihnachtszeit!

O komm doch, heiliger Frieden,
un klopp an jeden Fansterle a,
zieh ei in alle Herzen,
doß jeder singe ka:
O selige Zeit, o Weihnachtszeit!
Du brengst uns wieder Frieden,
machst unner Herz voll Lust un Freid,
o selige Weihnachtszeit!

Anton Günther

Das Weihnachtsevangelium nach »Sankt Lukas erzgebirgisch«

In dare Zeit ließ der Kaiser Augustus e Gebut ausgieh, doß alle seine Völker gezöhlt würdn. Sette Zöhling ober war de allererschte un wur geta, als Cyrenius Landpflager in Syrien war. Un alle Leit ginge in dare Stadt, wu ihre Stammeltern har warn, un ließen sich dort zöhln. Do machet sich aah auf Josef aus der Stadt Nazareth in Galiläa un zug ins jüdische Land nooch Bethlehem, der Stadt Davids, weil er aus dan Haus un Geschlecht Davids war, un wollt sich zöhln lossen mit der Maria, seiner agetrauten Fraa, die war in der Hoffning.

Un wie se nu in Bethlehem warn, kam dare Fraa ihre schware Stund, un se krieget enn Suh, ihr erschtes Kind, un wicklet dos Gungel in Windeln, un se mußt's in e Eselskripp legn, weil in dan Gasthuf kaa annersch Platzel war. Un Herten warn draußen of dan Fallern bei de Schofgatter, die taten ihre Schof hüten. Un horcht! E Engel von Himmel trot of aamol do, un himmlischer Glanz fünklet üm die Schafer, do fuln se alle in gruße Furcht. Ober dar Engel sat: »Fercht' eich fei net, horcht drauf! Gruße Fraad tu iech eich kund, die ne ganzen Volk zetaal wardn soll. Heit is eich der Heiland geborn, in der Stadt Davids, Christus, der Herr! Ihr findt dos Kind in Windeln gewikkelt, un in enn Krippel liegt's!« Un of aamol war bei dan Engel e Haufen der himmlischen Heerschar, dar lubet Gott un sat: »Ehr sei Gott in der Höh, un Frieden of Arden un dan Menschen Gottes Wuhlgefalln!«

Un wie de Engel nauf zen Himmel fuhrn, saten de Herten zeenanner: »Kommt miet, mer ginne itze of Bethlehem un gucken uns a, wos dorten geschah is, wie uns dos Gott kundgeta hot!« Un se kame in grußer Eil un fanden Maria un Josef, un se fanden dos Gungel in der Kripp. Un wie se dos Kind soochn, derzöhleten se laut, wos de Engel von dan Kind gesat hatten. Un alle, die dos härten, hatten ihr Verwunnernis über dare Geschicht. Maria ober schloß alle die Reden ins Herz ei un überdacht se oft. Un de Herten ginge wieder hüten, priesen Gott un sange sei Lub üm alles, wos se gesah un gehärt hatten. Un wie acht Tog üm warn, wur dos Kind unner dos Judenvolk aufgenomme un wur Jesus gehaaßen ...

Fritz Körner

Weihnachtsengel un Bargma

De Engeln un de Bargleit stieh
mit Lichtern in der Hand
in jeder Stub in Arzgebirg
in unnern Weihnachtsland.

Se reden von der Heilign Nacht
un sei von uns e Stück;
se stinne mit uns of der Wacht,
sei Haamit uns un Glück.

Su mögn se aah in Alltog nei
üm uns un mit uns gieh,
sölln lechten uns, Wagweiser sei,
doß mir uns racht verstieh.

Erich Lorenz

Weihnachtsliedel

Schwenzelenz! Heit bie iech fruh!
's war mer lange Zeit net su!
Will heit Teebes machen!
Kinner, iech ho Gald wie Hei,
's könne lecht zwee Toler sei:
Ja, drüm ka iech lachen!

Saht dos Heiligobndlicht a!
's sei fei rute Blümle dra
un e klaa Gesprüchel!
Ho zwee Grosch' derfür bezohlt,
salber su schie agemolt,
wie e Taffet-Tüchel!

Fix! Ne Kronelächter ro,
dan iech zammgebitztelt ho
un vergoldt su machtig!
Saht die goldign Engele,
zwischen Straichle wackeln se!
Ach! Dos sieht su prachtig!

Su! Nu is er agezündt:
Ei, wie schie dar Lechter brinnt!
's kloppt mer'sch Herz vür Fraaden!
Ach, die Schwarzbeer-Straichle sei,
agesah bei Licht, su fei!
Tunne racht schie klaaden!

Söll de ganze Sach wos taagn,
müss' mer aah e Pfeifel raachn:
Drüm will iech aans stoppen!
Do – der Kopp von Porzellie:
Is dar epper net racht schie?
Muß ne erscht ausklopppen.

Noochert will iech hutzen gieh.
Heit beschert ne Kinnern schie!
's is ju heit Bornkinnel!

Komme aah de Maadle noch!
Bie dan Greten gut meitog:
's is e lus's Gesinnel!

Bie e ledger Boß un ho
nooch enn Schatz bal dort, bal do
schu gestrabt von Herzen.
Ober dos is wunnerlich:
Kaane tut, als will se miech!
Na, iech ka's verschmerzen!

Gute Nacht derweil, ihr Leit!
Weckt miech morgn ze rachter Zeit!
Morgn gieht's in de Metten!
Wenn mer su de halbe Nacht
hot fei lustig zugebracht,
kriecht mer in de Betten.

Christian Gottlieb Wild

Ihr Kinner, nu Ruh

Ihr Kinner, nu Ruh,
un saaht emol nauf,
dort zinne de goldene
Weihnachtsstarn auf.
Die lechten un flimmern
un schimmern in Pracht,
derzöhln eich vun Frieden
in aasamer Nacht.

Ihr Kinner, nu macht,
gieht ze Bett nu nauf,
un weckt mer bluß net
is klaa Gungele auf.
Geds Ding will sei Ruh,
will schlofen dr Nacht.
Ihr braucht eich net ferchten,
mir gaabn fer eich acht.

Es lechten übern Haamitland
de Weihnachtslicher heit.
Su hall war nie daar Lichterglanz
in Aarzgebirg zer Weihnachtszeit.

Manfred Blechschmidt

Der Schwibbogen

Der Steiger von der Fundgrube Daniel
spricht mit dem himmlischen Bergherrn

Siehe unsre alten Blenden,
draus die kleine Flamme leckt.
Herr, mit ungeschickten Händen
haben wie sie aufgesteckt
auf den Reifen eines Fasses
heut zur heilgen Mettenschicht.
Schlecht Bemühen, gelten laß es,
Herr, denn besser ging es nicht,
aber Licht ist Licht.

Dir zum Lobe, dir zur Feier
blitzt der halbe Bogen dort.
Schütz auch künftig deine Häuer
auf den Fahrten und vor Ort.
Den Gewerken, die nicht hoffen,
weigert sich das Felsgestein.
Deine Tür, laß sie uns offen,
sei der Spalt auch noch so klein.
Wir müssen hinein!

Kurt Arnold Findeisen

Metten

Zer Metten, hent[1], do ginne mir
fei allezamm, ihr Leit.
Schloft mit Bedacht, noort stinne mir
aah auf zer rachten Zeit.

Üm sechse, do werd aufgemacht,
de Kerch, nu dos Gedräng!
Do werd mer fei bal ümgebracht,
's Kerchntor is ze eng.

O Geses, ober nu nazamm
de Lichtle fei rundüm.
De Bargleit of der Pur[2], die ham
Grubnlichter ümedüm.

Se hobn Raacherkerzle wuhl
e fei paar agezündt,
un fast an geden Kerchnstuhl
e Dreierlichtel brinnt.

Un dos Gemurmel, dos Gehust,
de Kinner schreie gar,
denn fer de Kinner is's e Lust
dohier fersch ganze Gahr!

Von Chor singt noochert aah e Gung
de Weissoging racht schie;
dar hot e Licht, 's is dick genung,
doß's ka allaane stieh.

Un die Posaune derzu, Herr!
Dos klingt su schie un laut.
Dos is e Trommeln un Geklärr,
doß mer is ganz derbaut.

Noort kimmt de Predigt aah derzu.
Wenn nu de Kerch is aus,
bei dan Gedräng, do is mer fruh,
war ganzbaanigt is naus!

Do gieht's durch alle Gassen noch,
mer guckt zen Fanstern nei.
Do brinne Baam un Lichter doch,
un Kinner sei derbei.

Un war gefolgt hot, epper kriegt
derham wos, war'sch när wüßt,
un kriegn mir nischt, mir sei vergnügt
drüm aah – 's is Heilger Christ!

1 soviel wie »hört ihr?«
2 Empore

Heinrich Jacobi

Mettengang

Wenn ich mit meiner Christlatern
früh in die Metten geh,
da steht ein großer Funkelstern
am Himmel in der Höh.

Das ist derselbe Funkelstern,
der überm Kripplein stand,
darin Maria Gott den Herrn
in arme Windeln band.

Nun weiß ich, daß ich Gott den Herrn
mit eignen Augen seh,
wenn ich mit meiner Christlatern
früh in die Metten geh.

Kurt Arnold Findeisen

Der Quem-Pas

De Kurrende zieht alle Gahr in der Adventszeit ümhar in schwarzen Manteln un Samtmützen un mit bunten Laterne. Se kimmt in de Haiser rei un singt Weihnachtslieder. Bei uns sei de Singgunge un Singmaad an zweeten Advent obndst in der Dammering unnerwargs gewasen. Mir hatten gar net gemerkt, doß se kame. Ober of aamol taten mir Weihnachtslieder härn. Dos klang esu frisch un feierlich. Alle Hausleit kame an de Tür gerannt. Ne klenn Kinnern blieb gelei de Sproch wag, un ne Grußen is es net viel annersch gange. Weihnachten zug in de Herzen ei. Do werd es Innewennige ganz hall un weit, un sprachen ka mer do net viel dervu, höchstens häret mer mol dan, mol gen an der Tür: »Is dos schie! Is dos schie!« Un se hobn alle ihr Stückel Gald gern in der Büchs neigeta. Settes Singe brengt ne Arzgebirgern doch erscht de richtige Weihnachtsstimmung!

Als iech dann wieder in menn Stübel drinne soß un de Lichtle of ne Adventskranz brenne taten, do ging mir e Lied immer wieder durch ne Sinn. Dos gehäret in de Mettenmusik von meiner Voterstadt nei un is mir e liebes Stück Weihnachten un Haamit. Iech mußt's in ne Weihnachtstogne singe, un oftmols mußt iech derbei gespoßig in miech neilachen, weil's bei uns Kinnern enn racht olbern Name gehatt hot. Mer nannten's när ne »Quem-Pas«. War dos immer vür Weihnachten unner uns Kinnern ne Aufreging: »Singst du dos Gahr ne Quem-Pas miet?« Na, fer uns Chorbubn gob's do gar kaane Frog. Mir mußten suwiesu mietmachen un brauchten net emol wos ze bezohln. Fer alle annern tat der Quem-Pas 20 Pfenng kosten. War dos net e grußer Vürtaal fer uns Choretaner?

Dann ginge nu de Probn lus. Der alte Kanner mit senn ehrwürding weißen Bart soß mit seiner Geig of enn Tritt vür uns do, un mir Bubn un Madeln hobn geübt: »Den die Hirten lobten sehre, und die Engel noch viel mehre.« Tat dos weihnachtlich klinge! Alle Gahr immer wieder nei un schie. De zweete un de dritte Stimm wurdn miet ze dare Melodie gestellt, doß dos Lied racht stark un voll klang. Lateinische Wörter taten mer net mietsinge, sistern wärn mir doch mol hinner dan saltsame Name komme, hinnern Quem-Pas. Dos Lied fängt doch lateinisch a: »Quem pastores laudavere.« Es gob ober aah noch annere wichtige Sachen bei unnern Quem-Pas. War wur rausgesucht, doß er in de Metten miet unten an Altar singe durft? Dort, wu aller Glanz un Lichterpracht war, dort durften mer uns miet hiestelln un neigucken in die weite Kirch ze dan vieln, vieln Menschen, nauf zer Orgel mit ihrn huchen silberne Pfeifen, zen Kanner an senn Notenpult, ze dan annern Quem-Pas-Sängern un ze ne Musikern mit ihrn Trompeten, Posaune un Pauken. Wuhl dan, dar an Altar unnern Christbaam de »Stille Nacht« mietsinge durft! Dar war ze de Engeln e Stückel nagerückt, die in der Heiling Nacht »Ehre sei Gott in der Höh« von Himmel ro singe taten ...

Un noch ewos Wichtges darf iech net vergassen. Dos hot uns schwar ze denken un viel ze reden gabn, wenn mir von unnere Probn ehamzu ginge. Mir sei do net gerod scharf geloffen, wenn's der Himmel gut mit uns maanet un Schnee of de Gassen un Stroßen niederfalln ließ. Do hobn mir in dan Flockengewimmel die wichtge Sach in uns rüm- un nümgewendt: »War singt dä dos Gahr de Weissoging?« Dos Geheimnis derfuhr doch niemand vür de Metten an Christtog früh! Manichsmol sollt e bissel wos durchgesickert sei. Do wur enanner dann haamlich ins Ohr gebischbert: »Waßt de's schu – der Hübner Walter soll de Weissoging singe ...! Dar hot fei e schiene Stimm. Werd dos Gahr ober die Weissoging schie klinge!« Mehrschtens war'sch ober dann doch e annerer, dar die gruße Aufgob übernomme hatt un dar de Leit über senn Gesang staune ließ ...

Wos söll iech nu von de Metten salberscht derzöhln? Von dan vieln, vieln Lichtern in der Kirch, von dan grußen fastlichen Christbaam, dar starken un fruhen Orgelmusik un dan dichten Menschengewimmel? Mir hobn unnern Quem-Pas gesunge un de »Stille Nacht«. Eb's schie geklunge hot, waß iech net. Ober mir hobn aus unnern Herzen raus gesunge, in dan de gruße, salge Weihnachtsfraad aufgange war. Un soßen mir hinnerhar wieder derham bei unnern Engeln un Bargmannern un hobn uns an Lichterglanz derfraat, dann ginge doch unnere Gedanken, innig un fruh, wieder zerück ze de Metten in der Kirch, un mir hobn wieder aus vollen Herzen raus gesunge: »Den die Hirten lobten sehre, und die Engel noch viel mehre.« Konnt mer'sch dozemol uns Kinnern verdenken, wenn mir alle Gahre wieder ne Quem-Pas mietsinge wollten? Er machet uns doch erscht Weihnachten zen schönnsten heilign Fast ...

Paul Roder

De Engelscharnschlacht

Mei Grußvoter sat ze Weihnachten e manichsmol sette Varschle har, die mer sinsten 's ganze Gahr net ze härn kriegeten. Uns Kinnern tat dos gefalln. Wie mer'n oder emol fregeten, wos die Varschle ze bedeiten hätten, do mänet er, die wärn aus der »Engelschar«. Do wußten mer esu viel wie erscht. Wie mer ne oder kä Ruh ließen, do hot er'sch uns emol derzöhlt.

Allemol ze Weihnachten, do taten sich in Dorf e paar Mannsen un Weibsen zesamme, die macheten e Engelschar. Na, es mögn manichsmol racht deftige Engel gewasen sei! Es warn ober beileib net när Engeln, nä, es gehäreten de Heilige Marie, der Gosef, der Wert, zwä Herten, zwä Engeln un der Rupperich derzu. Die taten sich mitenanner e Theater eistudiern. Dos spieleten se oder net in Gasthuf ofn Sool, nä, do zugn se schie ageputzt in de Dörfer rüm, ginge in de Haiser nei un spieleten de heilige Weihnachtsgeschichte. Die Sach war aah net aufgeschriebn, se hatt e jeds von senn Voter oder seiner Mutter gelarnt. Se hatten net derhaufen dervu, se kriegeten hierde emol Kaffee un Stolln, bei enn Fläscher aah emol e fünkel Wurscht. Es setzet aah emol e paar Pfenng oder e Flaschel Schnaps. Es war abn e Sach, die se sich salber zen Vergnügn macheten. Nu is oder emol e werklichs Ding passiert, dos muß iech emol derzöhln.

Also: An dritten Feiertog vür vieln Gahrn macheten von Geyerschdorf har sette Christspieler nei of Klaarückerschwal zu. Egntlich warn se aus der Wies'. Se hatten oder in Geyerschdorf ne ganzen Noochmittig gespielt un wollten noch net eham, un nooch Annebarg nei traueten se sich net. Ene Kält war, doß enn bal's Maul zugefror. An besten war der Rupperich dra, dar stoock in enn grußen Zippelpelz drinne. Oder die annern hatten's bal soot. Der Rupperich machet sich an Gosef na: »Tu när emol dei Flaschel har, mer müssen emol eihaazen!« Es dauret net, do machet es Flaschel de Rund. Aah de heilige Marie un de Engeln lacketen miet na. Es tat racht schie schneie, un de Engeln hatten e Mordsangst, doß de Flügeln net epper ausn Leim ginge, dä die warn aus Papp. Se tratscheten oder ihrn Steig föder, macheten hinner ne Schützenhaus wag un kame 's Ding hinner nooch Rückerschwal. Ben etschten Gut bliebn se vür der Haustür traten. Se schüttleten sich ne Schnee o, un dan sange se haußen enn Varsch. Geleich ging de Haustür auf un e paar Kinnerköppeln stecketen de Nos raus in darer Kält.

»De Engelschar!«, hieß's drinne in Hausflur. Dann machet e Hert de Stubntür auf un ging nei. Er machet enn Diener vür alln, die do warn, dann sat er:

»Guten Obnd mitenanner, grüß euch Gott!
Iech bie e ausgesandter Bot!
Iech zeig euch a zu dieser Frist,
doß itze werd komme der Heilige Christ!
Ene schiene gute Nacht!«

Wie er dos gesat hatt, machet er wieder naus. Nu ging der Wert nei mit ener ruten West, ener weißen Scherz un enn Kappel ofn Kopp, un stellet sich brätspuret hie. Do machet der Rupperich ze ne un tat ne areden:

»Guten Obnd, Bruder Alaxo. Wie kalt!
Kimmt der Winter mit Gewalt.
Iech dacht, iech müßt de Nos derfriern,
iech dacht, iech müßt de Schuh verliern.
Mir müssen in de Stadt neilaafen
un müssen uns Pudelmützen kaafen.«

Dodrauf sat der Wert:

»Ja, a ja, zen Kaafen braucht mer Gald!
Iech brauch aah e neu Husenfall;
wenn Kieselstä Toler wärn
un Neugrosch in der Mistpfütz lägn!«

Der Rupperich mänet:

»Wenn du willst klogn,
wos soll do net iech armer Teifel sogn?
Iech ho weder Butter noch Kas noch Quark,
un iech ho ene Fraa, die is esu karg.
Die willn ihrn Vurrat net rauslange.
Wos soll iech armer Teifel afange?«

Itze kame ober de Marie un der Gosef nei un macheten vür dan Wert enn tiefen Diener. Dar fröget nu: »Habt Dank, ihr lieber Alter, wu kommt ihr itze har?« Nu fing der Gosef a:

»Ho, ho, ho, ihr derft net bläken esu sehr!
Ihr schreit doch, als ob iech ganz taab wär!
Iech un dos Weibele komme aus der Stadt
in Galiläa, die häßt Nazareth …«

Esu weit warn se komme. Do ging of emol draußen vür der Tür e nei Gesing lus. Doß Gott derbarm – noch e Engelschar tauchet auf! Dar äne Engel mänet derschrokken: »Wos mach mer dä do?« »Nischt«, sat der Rupperich, »mir machen unner Ding wetter!« Oder esu lecht war dos net. E Hert ging naus vür der Haustür un tat mit die annern reden, se sollten wieder giehe. Oder do kam er schlacht a. »Wuhar seid ihr dä?«, klang's von draußen. »Von der Wies'!«, sat der Hert. »Dos wär neie Mode! Spielt ihr derham in der Wies'! Mir machen unnern Drack salber!« Dar dos esu schrier, war der Gosef von draußen. Doderbei hatten se dan Hert enn Schwitterlich gabn, doß er wieder nei in Flur geflugn kam. »Mir bleibn do!«, sat der Rupperich. Ober do menget sich der Bauer nei, dan die Stub gehärn tat: »Nä, macht när, doß'r fortkommt, mir brauchn eich Wiesner net! Saht när, wie er mit dan draußen ausenanner kommt!« Un dodermiet dränget er se zer Tür naus.

»Immer langsam!«, sat der Wiesner Rupperich; es half ober alles nischt, se mußten abn naus. Vornewag der Wert un der Gosef, dann anenannergehuschelt de Marie un de Engeln un hinnerhar de Herten. Erscht ging's ganz gut, oder dann hatt der Rupperich von de Rückerschwaler de Wiesner Maria e wing klitschen wolln. Die quieket gerodnaus, un do fing's Ugelück a. Bal war e rachte Schlacht in Gang. Hierde ruppet e Engel ne annern de Flügeln runner. De äne Maria haaet mit enn Wickelkind üm sich rüm, es war oder när e Struhwisch. Ne Wiesner Rupperich hatten se ne Bart waggerissen, un die bäden Wert kugelten mitenanner in Schnee rüm. Bis endlich der Wiesner Rupperich sat: »Dos hot doch alles gar kenn Zwack! Mer wolln uns doch vertrogn! Do, trinkt emol aus menn Flaschel!« Dos war e gutes Wort zer rachten Zeit. Dos Flaschel ging ümering, un de Leit warn wieder änig mitenanner. E wing zerwercht un zerzaust schub de Wiesner Engelschar eham. De Rückerschwaler konnten oder aah net esu auftraten, wie se warn; se macheten nüm in Gasthuf un wollten sich wieder zerachtmachen …

Wie an annern Früh de Katz of dos Schlachtfald kam, do log dorten e rausgerupp-
ter Engelflügel, de rute Nos von enn Rupperich, der Bart von enn heilign Gosef, e
Fatzen Boirock von ener Marie un e zerknörbeltes Schild, wudrauf noch ze lasen war:
»Friede auf Erden!«

Max Wenzel

Nu is de Weihnachtszeit vürbei ...

Nooch Weihnachten

Nu is de Weihnachtszeit vürbei,
de Tog namm wieder zu.
Es Mannelzeig is eigepackt
un liegt in guter Ruh.

De Hirten un de Christgeburt,
die liegn in tiefen Schlof,
aah Engel, Barg- un Raacherma,
derzu noch e paar Schof.

Iech ho se aanzeln eigepackt
un in de Kist gelegt,
doß kaans es annre stußen ka,
wenn sich's emol bewegt.

Iech waß, in dare grußen Kist,
do gibt's kenn Zank un Streit,
denn alle, die do drinne sei,
die kenn net Haß un Neid.

Wenn s'ch doch de Menschen of der Walt
e Beispiel wollten nahm
un friedlich, wie die in der Kist,
aah nabnenanner labn.

Erich Wunderwald
(Osterzgebirgische Mundart)

Fer'sch neie Gahr

Nu is vürbei de Weihnachtszeit
mit Bargma, Peremett un Baam.
E neies Gahr stieht vür der Tür,
un geder frögt: Wos werd's uns gabn?

Dos lange Frogn hot net viel Zwack,
dos viele Reden brengt nischt ei!
Pack när fest zu un tu dei Pflicht!
Bleib immer Volk un Haamit trei!

Un bleib e Kerl, wie sich's gehärt.
Half aah dein Nachber in der Nut.
Schenk annern Freid, un frei dich aah:
Noort werd es neie Gahr schu gut.

Stephan Dietrich

Zen Gahresend

Nu ging fei aah der letzte Tog
von Gahr ganz still ne annern nooch,
un jeder trug – su oder su –
von dir e Stückel Labn dervu.

Oft hast de gar kaa Obacht gabn:
Se kame un se ginge abn,
der aane hinnern annern har;
bei dan ging's gut, bei dan derquar.

Bei manichn war'sch, als blieb er stieh,
de wolltst vür Nut un Angst vergieh;
e annrer hatt kaum agefang',
do war er mit der Lust vergang'.

Un nu, wu sei se alle hie?
De Fraad, de Zeit un mir vergieh,
un von uns blebt när dos zerück,
wos mir der Walt beschert an Glück!

Martin Herrmann

Zen neie Gahr

Wie feierlich de Glocken klinge,
un aus de Haiser härscht de singe
enn Gruß ze dir, du neies Gahr!
Es liegt de Walt, als tut se schlofen,
un weißer Schnee deckt alles Hoffen,
wos sist su grü un salig war.

Voll Adacht guck iech nauf zen Himmel,
als öb in bunten Sterngewimmel
iech lasen könnt, wie alles werd.
Wos werscht du brenge – Schlachtes, Gutes?
Mir namme alles guten Mutes,
su, wie's der liebe Gott beschert.

Kommt, loßt uns of de Zukunft baue!
Un uverzogt un mit Vertraue
guck iech getrost zen Himmel nauf.
Wos du aah brengst, öb Leid, öb Segn,
iech gieh mit Hoffning dir entgegn:
Zen neie Gahr – e guts Glück auf!

Max Wenzel

Gute Fahrt

's is Januar, komm, Freind, steig ei,
loß uns zamm fahrn in Gahr heit nei.
Sei aah de Stroßen holprig, net schie –
mit Gottvertraue gieht's drüberhie.

War dos net bei su ner Fahrt verliert,
werd's Steier von bester Hand geführt.
Drüm, komm, steig ei, de Sicht is klar –
mit Gott ne Fahrt durch's ganze Gahr!

Luise Pinc

E grußer haller Lichterbugn

E grußer haller Lichterbugn
ümspannt de Weihnachtszeit,
su hall wie sist kaa annersch Licht
un wie de Walt su weit.
Zen erschten Sonntig in Advent,
do gieht dos Lechten lus.
Von Tog ze Tog wächst's meh, dos Licht,
werd stark, werd hall un gruß.
Zen Huchn-Neigahr läßt's wieder nooch,
de Weihnachtszeit vergieht;
dar gruße halle Lichterbugn
löscht aus, sei Licht verglüht.
Doch när dos Licht aus unnrer Hand.
Net dos, dos Gott gemacht.
Dos Licht in Stall von Bethlehem,
es Licht der Weihnachtsnacht,
dos brennt durch's ganze lange Gahr.
War dos Licht hot un kennt,
dar werd's derlabn, wie hall dos Licht
of jeden Wagstück brennt.

Karl Hans Pollmer

Neigahrsch-Varschel

Zen neie Gahr gieht's nunner un nauf;
mir hoffen wie de Bargleit un sogn: Glück auf!

Anton Günther

In seiner Hand

E Gahr is wieder mol vergange,
e neies winkt uns ze sich nüm.
»Wie werd's dä wardn?«, frögt mer mit Bange,
un manichs gieht in Kopp enn rüm.

Dos Ratseln, naa, dos macht's net besser.
Wos nützt uns itze banges Frogn?
Dos macht de Zuversicht net größer.
Mir brauchn's doch net allaa ze wogn!

Is uns es Tor erscht aufgeschlossen,
werd dar, dar immer ze uns stand,
uns heier wieder net verlossen –
mir legn's in seiner guten Hand.

Manfred Pollmer

Quellenverzeichnis

Bauernsachs, Edwin
's is Weihnachtszeit / Weihnacht über Wallern, aus: »Unner Haamit«, Lieder aus dem silbernen Erzgebirge, herausgegeben von Helmuth Stapff, Verlag Friedrich Hofmeister Leipzig 1950

Blechschmidt, Manfred
Ganz sachte kimmt de Winternacht / Ihr Kinner, nu Ruh, aus: »Behüt eich fei dos Licht«, ein Weihnachtsbuch des Erzgebirges, herausgegeben von Manfred Blechschmidt, VEB Friedrich Hofmeister Leipzig 1971

Dietrich, Stephan (Saafenlob)
Vür Weihnachten in Gebirg / De Ros in Schnee / Wie miech es Christkinnel ehamgeführt hot / Weihnachtslied, aus: Stephan Dietrich – Saafenlob –, Erzählungen und Gedichte, Band I und II, Glückauf-Verlag Schwarzenberg 1936 und 1938;
Heilige Nacht in Arzgebirg, aus: »Schneeberger Weihnachtsbüchlein«, herausgegeben vom Kulturbund zur demokratischen Erneuerung Deutschlands Schneeberg 1949;
Fer'sch neie Gahr, aus: »Schneeberger Weihnachtsbüchlein« (s. d.) 1957

Drechsler-Groß, Gertrud
Es hot geschneit / Bal is's suweit / Wunsch ze Weihnachten / Mei Peremett: Mit freundlicher Genehmigung des Erben der Verfasserin

Eisert, Willibald
Weihnachten is's, stille Nacht, aus: »Unner Haamit« (s. d.)

von Elterlein, Johanne Amalie
's Heilig-Obnd-Lied: Diverse Quellen (Volksdichtung)

Findeisen, Kurt Arnold
Wenn's Weihnachten ist / Kurrendesänger / Wie ich zum Weihnachtsdichter wurde / Heilig-Obnd-Lied-Varschel / Mettengang / Der Schwibbogen, aus: »Das Goldene Weihnachtsbuch aus dem Erzgebirge« von Kurt Arnold Findeisen, Zwinger-Verlag Dresden 1936, und spätere Nachauflagen

Gläß, Horst
Sei's aah när Blume aus Eis ... / De neie Pupp / Grüne Kließ / Vür Weihnachten: Mit freundlicher Genehmigung des Verfassers

Günther, Anton
In Harbist / Der Wald is schlofen gange / Derham in Stübel / Seid friedlich, ihr Leit / O selige Weihnachtszeit / Neigahrsch-Varschl, aus: Anton Günther, Gesamtausgabe der Liedtexte, Gedichte, Sprüche und Erzählungen, herausgegeben von Dr. Gerhard Heilfurth, Glückauf-Verlag Schwarzenberg 1937

Günther, Arthur
Mei Weihnachtstübel, aus: »Schneeberger Weihnachtsbüchlein« (s. d.) 1954

Herrmann, Bruno
De Ruschel, aus: »Lauterer Spakärble«, Glückauf-Verlag Schwarzenberg o. J.

Hermann, Martin
Lied vom Butterstolln / Zen Gahresend, aus: »Eia, Weihnacht«, ein Weihnachtsbuch in sächsischer Mundartdichtung, ausgewählt und zusammengestellt von Albert Zirkler, Evangelische Verlagsanstalt Berlin 1969;
Mei Weihnachtsgartel, Mit freundlicher Genehmigung des Erbens des Verfassers

Hütel, Marianne
Vürweihnachtszeit / »Die echten, wohlriechenden ...« / Ei ja, Weihnacht is do: Mit freundlicher Genehmigung des Erben der Verfasserin

Jacobi, Heinrich (Montanus)
Der Rupperich, aus: »Behüt eich fei dos Licht« (s. d.);
Metten, aus: »Volksbuch sächsischer Mundartdichtung«, zusammengestellt und herausgegeben von Albert Zirkler, Verlag der Dürr'schen Buchhandlung Leipzig 1938

Kluge, Edmut
Vürweihnacht / Weihnachtslied fer menn klenn Gung / Mei gruße Peremett: Mit freundlicher Genehmigung des Verfassers

Köhler, Herbert
Parmetten-Liedel, aus: »Der Heimatfreund für das Erzgebirge«, herausgegeben vom Deutschen Kulturbund Stollberg, Heft 12/1970

Körner, Fritz
Das Weihnachtsevangelium nach Sankt Lukas erzgebirgisch, aus: »Sankt Lukas erzgebirgisch« von Fritz Körner, Verlag Max Müller, Chemnitz 1928

Krauß, Friedrich Emil
Ruschellied, aus: »Erzgebirge – unner Haamit«, ein Lob des Geistes und des Herzens, herausgegeben von Helmuth Stapff, VEB Friedrich Hofmeister Leipzig 1956;
Schnitzerlied / Weihnachtskinnerlied / Weihnachten in Gebirg, aus: »Weihnachten im Erzgebirge« – Gedichte und Erzählungen, Lieder und Instrumentalsätze für die Weihnachtszeit, herausgegeben von Helmuth Stapff, VEB Friedrich Hofmeister Leipzig 1955

Lang, Erich
's Raachermannel / Der Bargma, aus: »Unner Haamit« (s. d.);
De Peremett, aus: »Weihnachten im Erzgebirge« (s. d.)

Lauckner, Heinz
Der Wunschzettel, aus: »Eia, Weihnacht« (s. d.);
Macht de Herzen weit, aus: »Schneeberger Weihnachtsbüchlein« (s. d.) 1957 unter dem Titel: De Weihnachtszeit is wieder do

Lorenz, Erich
Der Schwibbugn, aus: »Kultureller Rundblick«, Monatsschrift des Deutschen Kulturbundes, Kreis Schwarzenberg, Heft 12/1960;
Weihnachtsengel un Bargma, aus: »Singendes Land« – 400 Mundartlieder aus dem Erzgebirge, herausgegeben von Horst Henschel, Verlag Friedrich Hofmeister Leipzig 1939
Meyer, Guido
Heilger Obnd, aus: »Schneeberger Weihnachtsbüchlein« (s. d.) 1954
Müller, Harri
Mei Vugelfutterhaisel / Su hall soll's immer sei / Der Nußknacker: Mit freundlicher Genehmigung des Verfassers
Peuschel, Otto
Wenn's in Winter schneie tut / Winter, aus: »Unner Haamit« (s. d.)
Pinc, Luise
Winterobnd in Arzgebirg, aus: »Unner Haamit« (s. d.);
Heilger Obnd / Gute Fahrt: Mit freundlicher Genehmigung der Erben der Verfasserin
Pollmer, Karl Hans
Winter, aus: »Mei Haamit«, Gedichte, Eigenverlag o. J.;
Mei Weihnachtsbarg, aus: »Herbst, Winter Weihnacht«, Eigenverlag o. J.;
Dankgebat / E grußer haller Lichterbugn, aus: »Gloria, Gloria Gott in der Höh'« – Advent und Weihnacht im Erzgebirge, Evangelische Verlagsanstalt Berlin 1976;
Heit in der Nacht (Titel dort: Der erschte Schnee) / Weihnachten / Horcht! Horcht! / Loßt uns abaten, aus: »Lobt Gott, ihr Christen alle gleich« – Geschichte und Geschichten, Ernstes und Heiteres um die Weihnacht im Erzgebirge und anderswo – von Karl Hans Pollmer, Evangelische Verlagsanstalt Berlin 1988;
Lauter klaane Lichter, aus: »Bergland« – Bilder aus der Land- und Kirchengeschichte des Erzgebirges von gestern und heute – von Karl Hans Pollmer, Evangelische Verlagsanstalt Berlin 1983;
Weihnachten derham, aus: »Weihnachten im Erzgebirge« (s. d.);
Derzwischen hot der Zug gepfiffen, aus: »Der Heimatfreund für das Erzgebirge« (s. d.) Heft 12/1961
Pollmer Manfred
E Wunner / Su hall / Wos er braucht / Der Türmer-Albin / Weihnacht is es wurdn / E Krippel / De Christgeburt / Deswagn / Wenn's när gäng / E Bargma / Wuhie? / In seiner Hand: Mit freundlicher Genehmigung des Verfassers
Roder, Paul
Un de Peremett dreht sich / Der Quem-Pas: Mit freundlicher Genehmigung des Verfassers

Rösel, Konrad
Heiligobnd in der Futterhütt: Mit freundlicher Genehmigung des Verfassers
Siegert, Hans
E Sterle is gesunken, aus: »Preißelbeer« – Geschichten und Gedichte in erzgebirgischer Mundart – von Hans Siegert, Grasers Verlag Annaberg 1914;
Weihnachten / 's Ührl, 's Radel un e traurigs End, aus: »Schwarzbeer« – Gedichte und Geschichten in erzgebirgischer Mundart von Hans Siegert, Wittig & Schobloch Dresden, 2. Aufl. 1923
Stoll, Herbert
Wenn's schneit / De Tschinner / Nu is's suweit, aus: »Der Heimatfreund für das Erzgebirge« (s. d.) Heft 12/1966, 1/1961 und 12/1967;
Es flimmern de Sterle: Mit freundlicher Genehmigung der Erben des Verfassers
Tandler, Max
Winter, aus: »Weihnachten im Erzgebirge« (s. d.);
Wenn es Winter sein ward, aus: »Erzgebirgsweisen« – Gedichte in der Mundart von Zinnwald – von Max Tandler, Kammwegverlag Max Jarschel, Troisdorf 1952;
Wos hot der Heilche Christ gebrucht?, aus: »Bargwind« – Gedichte in der Mundart von Zinnwald – von Max Tandler, Bastei-Verlag Dresden 1937
Uhlmann, Dorothea
November / Erschter Advent / 's Pfarl: Mit freundlicher Genehmigung der Verfasserin
Wenzel, Max
Der erschte Schnee / O Tannebaam / Der Grünerts, aus: »Of der Ufenbank« – Gedichte und Erzählungen in erzgebirgischer Mundart, von Max Wenzel, H. Thümmlers Verlag Chemnitz 1919;
Raacherkerzle, aus: »Weihnachten im Erzgebirge« (s. d.) in der Kurzfassung der Erzählung »Rächerkerzeln« in »Rächerkerzeln – erzgebirgische Geschichten« von Max Wenzel, H. Thümmlers Verlag Chemnitz 1914;
Schneelied, aus: »Raachemad« – Allerlei aus dem Erzgebirge, von Max Wenzel, Grasersche Buchhandlung Annaberg 2. Aufl. 1932;
Vür Weihnachten / Wenn …, aus: »'s is Weihnacht in Geberg« – Allerlei Dichtungen um unser erzgebirgisches Weihnachtsfest, zusammengestellt von Max Wenzel, Erzgebirgs-Verlag Grasersche Buchhandlung Annaberg 1941;
Adventsliedel, aus: »Erzgebirge – unner Haamit« (s. d.);
De Engelscharnschlacht, aus: »Weißköppel-David« Band 2 von Max Wenzel, C. F. Pickenhahn & Sohn AG, Chemnitz 1935;
Zen neie Gahr, aus: »Schwarzbrut – Allerlei Erzgebirgisches« von Max Wenzel, 5. Auflage, Glückauf-Verlag Schwarzenberg o. J.

Werner, Gottfried
Dos aane Licht / Unnere Spieldus, aus: »'s Brückel« – Erzählungen, Gedichte, Verkündigungsspiele zum Teil in erzgebirgischer Mundart, von Gottfried Werner, Evangelische Verlagsanstalt Berlin 1972

Wild, Christian Gottlieb
Der Voter, aus: »Pfarrer Wildsche Gedichte«, 2. Aufl., Grasersche Buchhandlung Annaberg 1905;
Wiegnlied, aus: »Volksbuch sächsischer Mundartdichtung« (s. d.); Weihnachtsliedel, aus: »Weihnachten im Erzgebirge« (s. d.)

Wunderwald, Erich
Gedanken vür Weihnachten / Advent / Nooch Weihnachten: Mit freundlicher Genehmigung des Verfassers

Die Liedmelodien erscheinen mit freundlicher Genehmigung der Rechtsinhaber.

Inhaltsverzeichnis

Es riecht schu nooch Schnee ...

Günther, Anton: In Harbist Gedicht	9
Uhlmann, Dorothea: November Gedicht	9
Pollmer, Karl Hans: Heit in der Nacht ... Gedicht	10
Wenzel, Max: Der erschte Schnee Gedicht	10
Tandler, Max: Winter Gedicht	11
Günther, Anton: Der Wald is schlofen gange Gedicht	13
Stoll, Herbert: Wenn's schneit Gedicht	13
Peuschel, Otto: Wenn's in Winter schneie tut Gedicht	14
Herrmann, Bruno: De Ruschel Gedicht	16
Krauß, Friedrich Emil: Ruschellied Gedicht	17
Pollmer, Manfred: E Wunner Gedicht	18
Drechsel-Groß, Gertrud: Es hot geschneit Gedicht	19
Stoll, Herbert: De Tschinner Gedicht	19
Wenzel, Max: Schneelied Gedicht	20
Tandler, Max: Wenn es Winter sein ward Gedicht	21
Günther, Anton: Derham in Stübel Gedicht	23
Pollmer, Karl Hans: Winter Gedicht	24
Müller, Harri: Mei Vugelfutterhaisel Gedicht	24
Gläß, Horst: Sei's aah när Blume aus Eis ... Erzählung	26
Pinc, Luise: Winterobnd in Arzgebirg Gedicht	27
Peuschel, Otto: Winter Gedicht	28
Drechsler-Groß, Gertrud: Bal is es suweit Gedicht	30
Pollmer, Manfred: Su hall Gedicht	31

Wenn ubn bei uns Weihnachten kimmt ...

Dietrich, Stephan: Vür Weihnachten in Gebirg Gedicht	35
Werner, Gottfried: Dos aane Licht Gedicht	37
Hütel, Marianne: Vürweihnachtszeit Gedicht	37
Uhlmann, Dorothea: Erschter Advent Gedicht	38
Krauß, Friedrich Emil: Schnitzerlied Gedicht	39
Lauckner, Heinz: Der Wunschzettel Gedicht	40
Lang, Erich: 's Raachermannel Gedicht	41
Pollmer, Manfred: Wos er braucht Gedicht	43
Wenzel, Max: Raacherkerzle Erzählung	44
Hütel, Marianne: »Die echten, wohlriechenden ...« Gedicht	45
Pollmer, Manfred: Der Türmer-Albin Erzählung	46

Günther, Anthon: Seid friedlich, ihr Leit   Gedicht 49
Wild, Christian Gottlieb: Der Voter   Gedicht 49
Wenzel, Max: Vür Weihnachten   Gedicht 51
Wunderwald, Erich: Gedanken vür Weihnachten   Gedicht 52
Herrmann, Martin: Lied vom Butterstolln   Gedicht 53
Müller, Harri: Su hall soll's immer sei   Gedicht 54
Pollmer, Manfred: Weihnacht is es wurdn   Gedicht 55
Kluge, Edmut: Vürweihnacht   Gedicht 56
Wunderwald, Erich: Advent   Gedicht 57
Herrmann, Martin: Mei Weihnachtsgartel   Gedicht 58
Kluge, Edmut: Weihnachtslied fer menn klenn Gung   Gedicht 60
Wenzel, Max: Wenn ...   Gedicht 61
Krauß, Friedrich Emil: Weihnachtskinnerlied   Gedicht 62
Überliefert: Rupprich-Varschel   Gedicht 64
Pollmer, Manfred: E Krippel   Gedicht 64
Uhlmann, Dorothea: 's Pfarl   Erzählung 65
Wenzel, Max: Adventsliedel   Gedicht 67

Losst uns frohlocken zer Weihnachtszeit ...

Bauernsachs, Edwin: 's is Weihnachtszeit   Gedicht 71
Lauckner, Heinz: Macht de Herzen weit   Gedicht 72
Gläß, Horst: De neie Pupp   Erzählung 73
Wenzel, Max: O Tannebaam   Gedicht 73
Bauernsachs, Edwin: Weihnacht über Wallern   Gedicht 75
Pinc, Luise: Heiliger Obnd   Gedicht 76
Pollmer, Karl Hans: Dankgebat   Gedicht 77
Rösel, Konrad: Heiligobnd in der Futterhütt   Erzählung 77
Pollmer, Karl Hans: Weihnachten   Gedicht 80
Wild, Christian Gottlieb: Wiegnlied   Gedicht 81
Dietrich, Stephan: De Ros in Schnee   Gedicht 82
Jacobi, Heinrich: Der Rupperich   Gedicht 82
Pollmer, Karl Hans: Horcht! Horcht!   Gedicht 83
Siegert, Hans: E Sterle is gesunken   Gedicht 85
Stoll, Herbert: Es flimmern de Sterle   Gedicht 85
Siegert, Hans: Weihnachten   Gedicht 86
Werner, Gottfried: Unnere Spieldus   Gedicht 86
Lorenz, Erich: Der Schwibbugn   Gedicht 87
Pollmer, Manfred: De Christgeburt   Gedicht 88
Tandler, Max: Wos hot der Heilche Christ gebrucht?   Gedicht 89

Gläß, Horst: Grüne Kließ   Erzählung 90
Pollmer, Manfred: Deswagn   Gedicht 91
Pollmer, Karl Hans: Mei Weihnachtsbarg   Gedicht 91

Un de Peremett dreht sich ...

Roder, Paul: Un de Peremett dreht sich   Erzählung 95
Lang, Erich: De Peremett   Gedicht 96
Drechsler-Groß, Gertrud: Mei Peremett   Gedicht 99
Kluge, Edmut: Mei gruße Peremett   Gedicht 99
Köhler, Herbert: Parmetten-Liedel   Gedicht 101
Günther, Artur: Mei Weihnachtsstübel   Erzählung 104
Blechschmidt, Manfred: Ganz sachte kimmt de Winternacht   Gedicht . . 106
Müller, Harri: Der Nußknacker   Gedicht 106
Stoll, Herbert: Nu is's suweit   Gedicht 107
Pollmer, Manfred: Wenn's när gäng   Gedicht 108
Findeisen, Kurt Arnold: Wenn's Weihnachten ist   Gedicht 109
Gläß, Horst: Vür Weihnachten   Gedicht 110
Lang, Erich: Der Bargma   Gedicht 111
Pollmer, Manfred: E Bargma   Gedicht 111
Pollmer, Karl Hans: Lauter klaane Lichter   Gedicht 113
Hütel, Marianne: Ei ja, Weihnacht is do   Gedicht 114
Siegert, Hans: 's Ührl, 's Radel un e traurigs End   Erzählung 115
Pollmer, Manfred: Wuhie?   Gedicht 118
Wenzel, Max: Der Grünerts   Erzählung 118
Findeisen, Kurt Arnold: Kurrendesänger   Gedicht 121
Pollmer, Karl Hans: Weihnachten derham   Gedicht 122

Heilige Nacht in Arzgebirg ...

Dietrich, Stephan: Heilige Nacht in Arzgebirg   Gedicht 127
Pollmer, Karl Hans: Loßt uns abaten   Gedicht 128
Dietrich, Stephan: Wie miech es Christkinnel ehamgeführt hot   Erzählung 128
Drechsler-Groß, Gertrud: Wunsch ze Weihnachten   Gedicht 131
Pollmer, Karl Hans: Derzwischen hot der Zug gepfiffen   Erzählung . . . 131
Krauß, Friedrich Emil: Weihnachten in Gebirg   Gedicht 134
Findeisen, Kurt Arnold: Wie ich zum Weihnachtsdichter wurde   Erzählung 134
Findeisen, Kurt Arnold: Heilig-Obnd-Lied-Varschel   Gedicht 136
Meyer, Guido: Heiliger Obnd   Gedicht 136
von Elterlein, Johanne Amalie: 's Heilig-Obnd-Lied   Gedicht 137
Eisert, Willibald: Weihnachten is's, stille Nacht   Gedicht 139

Dietrich, Stephan: Weihnachstlied   Gedicht 140
Günther, Anton: O selige Weihnachtszeit   Gedicht 142
Körner, Fritz: Das Weihnachtsevangelium nach »Sankt Lukas« erzgebirgisch   Erzählung 143
Lorenz, Erich: Weihnachtsengel un Bargma   Gedicht 144
Wild, Christian Gottlieb: Weihnachtsliedel   Gedicht 145
Blechschmidt, Manfred: Ihr Kinner, nu Ruh   Gedicht 146
Findeisen, Kurt Arnold: Der Schwibbogen   Gedicht 147
Jacobi, Heinrich: Metten   Gedicht 148
Findeisen, Kurt Arnold: Mettengang   Gedicht 149
Roder, Paul: Der Quem-Pas   Erzählung 150
Wenzel, Max: De Engelscharnschlacht   Erzählung 151

Nu is de Weihnachtszeit vürbei ...

Wunderwald, Erich: Nooch Weihnachten   Gedicht 157
Dietrich, Stephan: Fer'sch neie Gahr   Gedicht 157
Herrmann, Martin: Zen Gahresend   Gedicht 158
Wenzel, Max: Zen neie Gahr   Gedicht 158
Pinc, Luise: Gute Fahrt   Gedicht 160
Pollmer, Karl Hans: E grußer haller Lichterbugn   Gedicht 160
Günther, Anton: Neigahrsch-Varschel   Gedicht 161
Pollmer, Manfred: In seiner Hand   Gedicht 161
Quellenverzeichnis 163